Das große Spielebuch für Hunde

Das große Spielebuch für Hunde

Beschäftigungsideen – Spaß im Hundealltag

von Christina Sondermann

CADMOS

Ein ganz herzliches Dankeschön an alle Zwei- und Vierbeiner, die durch ihr Mitwirken zum Entstehen und Gelingen dieses Buches beigetragen haben: sei es durch ihr Engagement bei den Foto-Terminen, durch konstruktives Korrekturlesen oder durch ihre inspirierenden Ideen rund um das Spiel mit dem Hund!

Gestaltung und Satz: Ravenstein + Partner, Verden
Fotos: Christina Sondermann
Druck: Westermann Druck, Zwickau

Printed in Germany

ISBN 3-86127-782-4
ISBN 978-3-86127-782-8

Inhalt

Warum Spielen so sinnvoll ist 10

Spielregeln und Einstiegstipps 14
Das richtige Spiel für Sie und Ihren Hund .14
Belohnungen als Schlüssel zum Erfolg .15
Mit Futter klappt's am besten .16
Schritt für Schritt zum Erfolg .16
Das richtige Timing .19
Hilfreiche Trainingsassistenten .19
In der Kürze liegt die Würze .20
Und wenn's mal gar nicht klappt? .20
Ihr Hund, das beste Stimmungsbarometer .21
Wenn Kinder mitspielen .22
Was tun im Mehrhundehaushalt? .22

Schnüffelspaß für Supernasen 25
Die Einstiegsklasse .26
Die erschnüffelte Mahlzeit .27
Leckerchen im Tarnmantel .27
Spürnase im Dunkeln .28
Leckerchen im Deckenberg .28
Die Schnüffelkiste .28
Futtersuche feuchtfröhlich .28
Leckerchensuche dreidimensional .29
Duftspur Marke „Hänsel und Gretel" .29
Spielzeug statt Leckerchen .29
Sie wollen mehr? .30
Geruchsunterscheidung leicht gemacht .31
Das Hütchenspiel .31
Schnüffeln wie die Profis .32
Blitzeinstieg in die Spurensuche .35

Wohnzimmer-Agility 38
Fantasiehindernisse aller Art .39
Der Vorhang .39
Die Hundeklappe .40
Slalom- und Wendigkeitsspiele .40
Wohnzimmerhürden für Überflieger .41
Tunnel und Röhren ohne Ende .41
Abenteuer Sacktunnel .42
Reifen und andere Öffnungen .43
Mutproben am Boden .44
Koordinationsübungen mit der Leiter .45
Balancespiel auf dem Wackelbrett .45
Klettertouren .46
Verrückte Labyrinthe .47
Das 101-Dinge-Spiel .47
101 Dinge mit dem Stuhl .47
101-Dinge-Stuhl für Profis .48
Noch mehr 101-Dinge-Abenteuer .48
Gymnastik .48
Im Sitzen .49
Flach auf dem Bauch … oder auf dem Rücken .49
Auf allen vieren .49
Im Stehen .49
Armeinsatz .49

Denksport: Herausforderungen für helle Köpfe 50
Aufgaben für Verpackungskünstler .51
Faszination Karton .51
Kartonsammelsurium .51
Box in Box .52
Verpackungen der besonderen Art .53
Tupper-Party für Vierbeiner .54
Und sonst? .54

Einfach umwerfend 55
Leckerchen unter Schüsseln 55
Herausforderung Blumentopf 55
Leckerchen unter dem Rollbrett 56
Glücksspiel unter Bechern 57
Leckerchenkegeln 57
Um die Ecke gedacht 58
Geschickte Pfoten 58
Die Hundeangel 59
Die Futterbox 60
Das Kasperletheater 60
Intelligente Automaten 61
Flaschendrehen 61
Die Schublade 62
Das Fallrohr 64
In die Röhre gucken 67
Leckerchenbälle und andere Futterspender 69
Die Futterflasche 69
Volles Rohr! 70
Leckerchenbälle klassisch 71
Der Würfel 71
Das Futterstehaufmännchen 72
Käuflicher Spielespaß für Gehirnakrobaten 73

Kauen macht glücklich! 75
Kauartikel – einfach so! 77
Naturkautschukspielzeug mal ganz anders 78
Snackpacks und Lunchpakete 81

Spaß mit „Sitz" – „Platz" – „Komm" 84
Zum Aufwärmen – der Stimmungsmacher 85
Herbeikommen macht Spaß! 85

Wer ruft am besten? .87
Hin und her – Variationen .87
Komm und such mich! .88
Herbeikommexpress für Singles .89
Die Leckerchengasse .89
Der fliegende Hund .91
„Sitz" und „Platz" an allen Orten .92
Verrückte Positionen .93
„Sitz" und „Platz" kreuz und quer .94
„Sitz" und „Platz" – überall! .95
Durchhaltevermögen .96
Brückenbau .97
Die lockere Leine .98
Der seidene Faden .98
Eierlaufen .99

Der Garten als Spielplatz .100
Platz für große Sprünge .102
Hürden ganz einfach .102
Profihürden selbst bauen .102
Hürde als Mutprobe .104
Slalom .104
Slalom ganz einfach .104
Profislalom für Heimwerker .105
Noch mehr Wendigkeitsübungen .105
Tunnel und Reifen .105
Lebende Hindernisse – Menschen-Agility .107
Mutproben und Koordinationsspiele .108
Bodenarbeit mit Fantasieelementen .108
Die Taststraße .109
Die Hundewippe .109
Abenteuer auf Rollen .110

Wasserspiele 112
Die Buddelecke 112
Der gemischte Parcours 113
Und sonst? 113

Abenteuer Spaziergang – Ideen für unterwegs 114

Freiluftparcours am Wegesrand 115
Balanceakt 116
Podeste und andere Kletterpartien 116
Drunter und drüber! 117
Bodenarbeit unterwegs 118
Hier geht's rund! 118
Abenteuer am Wasser 119
Mutprobe Wasserbad 119
Leckerchenverfolgung 119
Brücken und Stege 120
Stöber- und Suchspiele 120
Leckerchenstöbern 120
Versteckspiele 121
Schnüffelspaziergänge 122
Umwelterkundung für Schnüffelnasen 122
Schnüffeln – gemeinsam noch viel schöner 124

Und was kommt jetzt? 125

Zum Weiterlesen 128

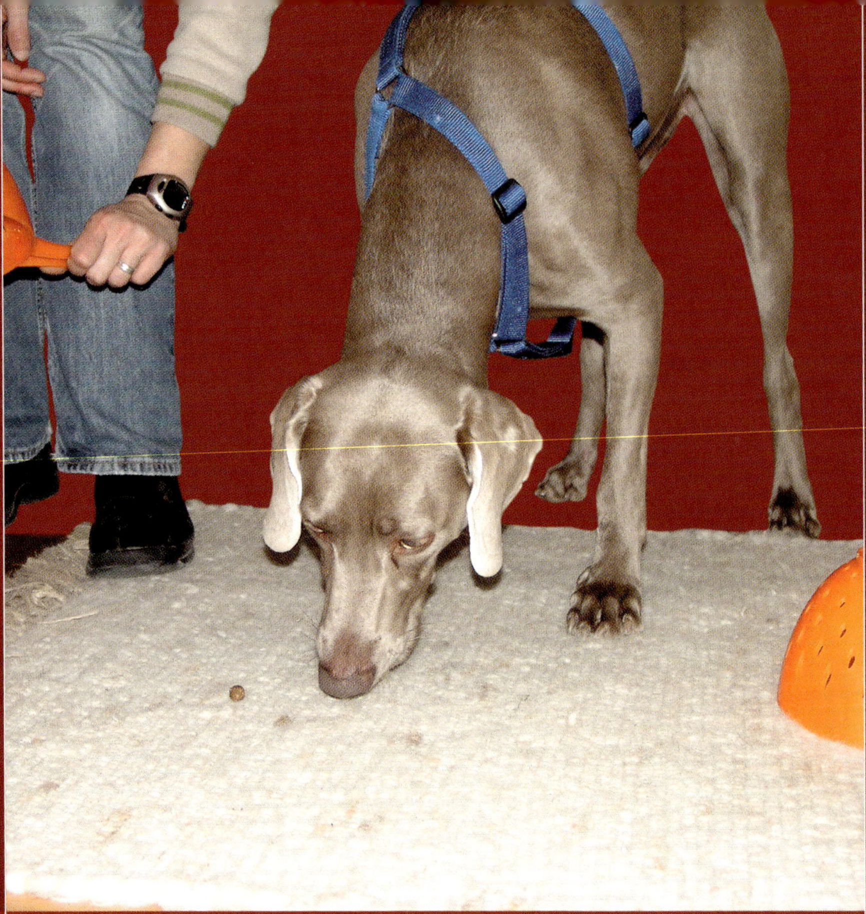

Warum Spielen so sinnvoll ist

Bestimmt haben Sie dieses Spielebuch vor sich liegen, weil Sie Lust haben, zusammen mit Ihrem Hund etwas zu unternehmen. Sie möchten Ihrem Vierbeiner etwas bieten und ein wenig Abwechslung in seinen ganz normalen Alltag bringen? Vielleicht haben Sie auch bereits entdeckt, wie viel Spaß gemeinsame Aktivitäten machen, und brauchen noch mehr Ideen. Dann sind Sie hier genau richtig. In diesem Buch erfahren Sie, wie Sie mit Ihrem Vierbeiner eine Menge Freude haben können, ganz einfach zu Hause oder auf dem Spaziergang, ohne aufwendiges Zubehör oder kompliziertes Training.

Vermutlich brennen Sie schon darauf loszulegen. Ein wedelnder Schwanz und ein lachendes Gesicht sind auch wirklich Grund genug, sich den gemeinsamen Aktivitäten zu widmen, und Sie müssten in diesem Kapitel eigentlich gar nicht mehr weiterlesen. Aber vielleicht haben Sie gleich noch mehr Spaß am Spiel, wenn Sie wissen, wie viele positive Effekte mit der gemeinsamen Beschäftigung verbunden sind.

Gemeinsame Aktivitäten bringen Abwechslung in den Hundealltag.

Wer seinem Hund etwas bietet, hat weniger Probleme mit „Beschäftigungen", die sich der Vierbeiner selbst sucht.

Das Spielen zu Hause ist eine leicht umsetzbare und sinnvolle Beschäftigung, die den Vierbeiner auslastet und zufrieden macht. Gelangweilte und unterbeschäftigte Hunde zerpflücken im schlimmsten Fall Teppiche, fressen Löcher in unsere Socken oder reißen die Tapete von den Wänden. Sie können dem vorbeugen. Gemeinsame Aktivitäten, die Sie mühelos in Ihren ganz normalen Alltag einbauen können, vertreiben die Langeweile und machen den Hund glücklich.

Die Beschäftigung mit dem Hund wird häufig mit besonders langen Spaziergängen, gemeinsamen Jogging- oder Fahrradtouren oder Hundesport gleichgesetzt. Viele Menschen (und Hunde) denken dabei auch an das Werfen und Jagen von Bällchen und anderen „Wurfgeschossen". Nicht immer ist es jedoch die körperliche Betätigung, die uns einen ausgeglichenen vierbeinigen Hausgenossen beschert. Manche Hunde drehen durch zu viel Action erst richtig auf. Andere Vierbeiner sind – bedingt durch Alter, Krankheit oder Größe – kaum in der Lage, sich sportlich zu betätigen. Ähnliches gilt auch für den zweibeinigen Spielpartner.

Kein Problem! Die Spielmöglichkeiten zu Hause sind so vielfältig, dass Sie sie perfekt auf die Bedürfnisse Ihres Hundes abstimmen können. Ist Ihr vierbeiniger Mitbewohner beispielsweise ein Welpe, dann können Sie ihn mit einer gesunden Mischung aus Gehirnjogging und Bewegungs- und Koordinationsspielen mental stimulieren und in seiner Entwicklung fördern. Genauso gut können Sie Ihrem Hundesenior etwas bieten. Geistig aktive Hunde bleiben länger jung und so manch ein betagter Vierbeiner beweist mit Begeisterung, dass er noch längst nicht zum alten Eisen gehört. Ist Ihr Hund sehr aufgedreht und un-

Alle Hunde haben Spaß am Spiel – auch Hundesenioren oder Hunde mit Handicap: Collie-Dame Lana konnte sich zuletzt nur noch schlecht auf den Beinen halten. Auf einer Decke im Garten liegend, probierte sie voller Elan und mit leuchtenden Augen ein „Denksportgerät" aus.

ruhig, lernt er vor allem durch ruhige Spiele wie Nasenarbeit oder Denksport das konzentrierte Arbeiten. Stille Vertreter blühen beim Wohnzimmer-Agility oder im Gartenparcours auf und gewinnen in kleinen Mutproben an Selbstsicherheit. Auch kommt bei der Vielzahl möglicher Spiele der winzige Zwergpinscher genauso auf seine Kosten wie der massige Neufundländer.

Das Meistern kleiner Herausforderungen in der gewohnten Umgebung Ihres Zuhauses ist gut für das Selbstvertrauen Ihres Hundes. Davon profitieren nicht nur ängstliche und unsichere Hunde: Wenn Ihr Hund durch das gemeinsame Spiel daran gewöhnt ist, einfache Mutproben zu bewältigen oder Denksportaufgaben erfolgreich zu lösen, dann gibt ihm das auch Sicherheit für den Alltag. Und was gibt es Besseres als einen unbekümmerten, gelassenen Vierbeiner? Er ist meist weniger anfällig für Problemverhalten und lässt sich so schnell durch nichts aus dem Gleichgewicht bringen.

Wenn Sie und Ihr Hund sich in der stressfreien und ablenkungsarmen Atmosphäre Ihres Zuhauses völlig frei von Leistungsdruck Ihrem Spieleprogramm widmen, dann ist der gemeinsame Erfolg vorprogrammiert. Es macht nicht nur Spaß, sondern fast ohne dass Sie es merken, absolvieren Sie und Ihr Vierbeiner gleichzeitig eine Lektion in Sachen Hundetraining. Ganz nebenbei üben Sie sich darin, Ihrem Hund Dinge beizubringen. Sie lernen immer besser, wie Sie ihn motivieren können, wie er reagiert, wie Sie sein Lernen beschleunigen können. Und auch Ihr Hund lernt spielerisch, Sie besser zu verstehen und Ihre Signale und Fingerzeige richtig zu deuten.

Generell gilt: Wer seinem Hund kleine Übungen oder Tricks beibringen kann, der hat auch bei den aus menschlicher Sicht wichtigen Dingen wie zum Beispiel „Sitz", „Platz" oder „Komm" wenig Probleme. Einen Unterschied zwischen Belanglosigkeiten und wichtigen Übungen machen nämlich nur wir Menschen, Hunde nicht.

Das wohl größte Plus des gemeinsamen Spiels sind die positiven Auswirkungen auf die Beziehung zwischen Hund und Mensch. Es ist gut möglich, dass Sie beim Spielen ganz neue Seiten und Fähigkeiten an Ihrem vierbeinigen Spielpartner kennen und schätzen lernen. Ihrem Hund wird es vermutlich genauso gehen. Sie beide werden immer besser darin, miteinander zu kommunizieren. Es ist sehr wahrscheinlich, dass Ihr Hund insgesamt aufmerksamer wird und auch im Alltag – ob zu Hause oder auf dem Spaziergang – mehr auf Sie achtet. Es könnte ja sein, dass Sie gerade eine neue Beschäftigungsidee aus dem Hut gezaubert haben, wenn Sie Ihren Hund herbeirufen. Und das will Ihr Bello garantiert nicht verpassen.

Zusammen Freude haben: Spielen bereichert die Beziehung zwischen Hund und Mensch.

Wird da etwa ein Spiel vorbereitet? Das will Meggan auf keinen Fall verpassen!

Kleine Herausforderungen – große Wirkung. Das gemeinsame Spiel hat maßgeblich dazu beigetragen, dass aus Laborbeagle Asta mittlerweile ein selbstbewusster, fröhlicher Hund geworden ist.

Was Sie für Ihr gemeinsames Spiel in erster Linie brauchen, ist Zeit für Ihren Hund (und die sollten Sie als Hundebesitzer ohnehin haben), ein wenig Kreativität, Spaß am Experimentieren – und jede Menge guter Laune. Das reicht, um von den vielen positiven Nebeneffekten der gemeinschaftlichen Aktivitäten profitieren zu können.

Besonderes Zubehör, Trainingserfahrungen oder körperliche Fitness sind nicht nötig. „Einfach spielen!" lautet das Motto der in diesem Buch vorgestellten Beschäftigungsmöglichkeiten. Und genau deshalb finden Sie hier auch keine komplizierten Übungen und Tricks, sondern ausschließlich Spiele, bei denen Sie und Ihr Hund sofort loslegen können und Erfolg haben. Lassen Sie sich zum Nachmachen animieren. Viel Vergnügen beim Entdecken der unbegrenzten Spielmöglichkeiten!

Ein Karton, ein Bröckchen Futter und jede Menge Spaß: Viele Beschäftigungsmöglichkeiten lassen sich genauso einfach umsetzen.

Spielregeln und Einstiegstipps

Damit Sie und Ihr Hund die gemeinsamen Aktivitäten auch richtig genießen können, gibt es ein paar Dinge, auf die Sie achten sollten. Nehmen Sie sich ein wenig Zeit für das Durchlesen der Spielregeln: Ihr vierbeiniger Spielpartner wird es Ihnen mit noch mehr Freude an der Sache danken!

Das richtige Spiel für Sie und Ihren Hund

Natürlich sollen die meisten der in diesem Buch beschriebenen Übungen für alle Menschen und alle Hunde spielbar sein. Lassen Sie trotzdem Ihren gesunden

Zum Spielen bedarf es keiner großen Sprünge: Mücke zeigt, wie Hunde in den besten Jahren geistig fit bleiben.

Tiffi liebt kleine Herausforderungen, weil sie dafür stets etwas Leckeres bekommt!

Menschenverstand walten und denken Sie bei der Auswahl der Spiele an die Fähigkeiten Ihres Hundes. Ihr arthrosegeplagter Hundesenior wird es zu schätzen wissen, wenn Sie keine großen Sprünge von ihm erwarten. Auch für Ihren kleinen Welpen wäre das nicht gut. Der besonders furchtsame Hund muss nicht gleich über die große, bedrohlich raschelnde Plastikplane marschieren oder beim „Menschen-Agility" über Arme und Beine der Nachbarskinder springen und so weiter. Sie selbst können zum Wohle Ihres Hundes am besten entscheiden, was für ihn gut ist.

Hunde, die das gemeinsame Üben noch nicht kennen, freuen sich zum „Warmlaufen" über besonders einfache Spielideen, bei denen der Erfolg vorprogrammiert ist. Achten Sie immer darauf, dass Sie nur solches Zubehör für Ihre Spiele verwenden, an dem Ihr Hund sich nicht wehtun oder verletzen kann.

Belohnungen als Schlüssel zum Erfolg

Den Hund belohnen für das gemeinsame Spiel? Das mag Ihnen zunächst etwas befremdlich erscheinen: Schließlich machen Sie ihm doch schon eine große Freude, indem Sie sich mit ihm beschäftigen! Damit haben Sie natürlich Recht. Die meisten Hunde finden es toll, zusammen mit ihren Menschen etwas zu unternehmen. Viele Spielideen sind jedoch wie kleine Übungen, die Ihr Hund erst lernen muss. Nicht jeder Hund zum Beispiel schafft es auf Anhieb, unter einer aus Stühlen und Decken gebauten Tunnelkonstruktion durchzumarschieren oder über eine Mauer zu balancieren. Und welchen Sinn sollte es für ihn haben, ausgerechnet auf einen Baumstumpf zu klettern oder mit wehenden Ohren beim Herbeikommspiel zwischen den Familienmitgliedern hin und her zu fegen? Hier sind Sie gefragt: Es ist Ihre Aufgabe, Ihrem Hund zu vermitteln, wie viel Spaß dies alles machen kann und wie erfolgreich er dabei sein kann. Lernen Sie nicht auch gerade die Dinge am liebsten und am schnellsten, die Sie freiwillig und gerne tun und die Sie richtig interessieren? Und sind nicht auch Sie mit der größeren Motivation bei der Sache, wenn sich etwas ganz besonders für Sie lohnt? In dieser Beziehung sind unsere Hunde nicht anders als wir Menschen. Und genau deshalb setzen wir bei den gemeinsamen Aktivitäten auf Belohnungen. Sie werden sehen, Ihr Hund wird begeistert mitspielen und sich mit Feuereifer an neue Herausforderungen heranwagen. Sie können gemeinsame Erfolge feiern und richtig Freude haben!

Mit Futter klappt's am besten

Was die richtige Belohnung für Ihren Hund ist, sagt er Ihnen selbst am besten. Für nette Worte allein legen sich die meisten Hunde mit Recht kaum ins Zeug. Streicheln und Berührungen sind eher etwas für Mußestunden auf dem Sofa und kommen im Training meist überhaupt nicht gut an. Ein gemeinsames Spiel oder das Werfen eines Spielzeuges wird gerade bei spielzeugverrückten Hunden auf Gegenliebe stoßen. Allerdings kommt auf diese Weise schnell Unruhe in die gemeinsame Beschäftigung. In aller Regel wird deshalb Futter das Mittel Ihrer Wahl sein. Es ist einfach einzusetzen und motiviert Ihren Hund.

Sie sehen Ihren Hund schon als Wurst auf Beinen durch die Wohnung rollen? Keine Panik, verfüttern Sie doch einfach einen Teil der normalen Tagesration beim gemeinsamen Spiel und lassen Sie Ihren Hund dafür ein wenig arbeiten. Die meisten Hunde haben großen Spaß daran, sich ihr Essen auf diese Art verdienen zu dürfen!

> Ihre Grundausrüstung für fast alle Spielvorschläge sind Futterbelohnungen. Wenn Sie etwas Neues spielen oder mit Ihrem Hund in ungewohnten Situationen oder Umgebungen trainieren, verwenden Sie zunächst besonders attraktive Leckerchen. In ganz alltäglichen Situationen können Sie einfach einen Teil der normalen Hundefutterration verfüttern.
> Wenn Sie und Ihr Hund unterwegs sind, ist eine Gürteltasche der ideale Aufbewahrungsort für Ihre Leckerchen.

Je genauer Sie wissen, was Ihren Hund so richtig begeistert, umso besser können Sie ihn belohnen. Stellen Sie doch einmal eine Hitliste der Dinge auf, die Ihr Hund am liebsten mag: Notieren Sie die „Top Five" seiner Lieblingsleckerchen. Überlegen Sie, ob es Dinge gibt, die er mindestens genauso gerne mag wie sein Futter, zum Beispiel ein Renn- oder Suchspiel oder das Fangen eines Bällchens.

Schritt für Schritt zum Erfolg

Denken Sie immer daran: Während Sie schon ein Bild davon haben, was Ihr Hund machen soll, hat er davon zunächst keinen blassen Schimmer. Und Sie können es ihm auch nicht erklären, denn die menschliche Sprache verstehen unsere Hunde nun mal nicht.

Überlegen Sie, wie Sie sich fühlen würden, wenn Sie allein in einem fremden Land wären. Sie sprechen die Landessprache nicht und jemand will Ihnen etwas vermitteln. Wie würde es Ihnen besser gehen: Wenn pausenlos auf Sie eingeredet wird und Sie an den Armen gepackt und herumgeschubst werden; zunächst noch freundlich, dann ungeduldiger, weil Sie immer noch nicht begreifen, was von Ihnen erwartet wird? Oder wenn ein netter Dolmetscher Sie ruhig und freundlich dabei unterstützen würde, sich allmählich zurechtzufinden? Letzteres wäre sicher viel angenehmer. Und genauso geht es Ihrem Hund in unserer Welt.

Es ist deshalb Ihre Aufgabe, Ihren Hund Schritt für Schritt an die neuen Herausforderungen heranzuführen. Seien Sie ein Muster an Langmut und Geduld. Verzichten Sie komplett darauf, Ihren Vierbeiner im Training zu berühren oder ihn in die gewünschte Position zu ziehen oder zu schieben. Zerren Sie niemals an Halsband oder Leine. Wenn es die Umgebung erlaubt (die Sicherheit Ihres Hundes geht natürlich immer vor!), üben Sie ohnehin viel besser ganz ohne Leine.

Sie können Ihren Hund mit dem Leckerchen in der Hand wie mit einem Magneten in jede beliebige Position lotsen. Weil das für die meisten Hund-Mensch-Teams zu Beginn am einfachsten ist, wird diese Variante in den Spielanleitungen dieses Buches auch vorgeschlagen. Wer es eleganter mag, bringt seinem Vierbeiner bei, der leeren Hand zu folgen, und gibt ihm die Belohnungsleckerchen aus der anderen Hand oder aus einer Tasche. Wer mit dem Clickertraining vertraut ist, kann auf das Locken komplett verzichten und lässt den Hund sich die Übung eigenständig erarbeiten. Grundsätzlich gilt: Je weniger Sie locken

Schritt für Schritt zum Ziel: Ronja findet es zunächst äußerst befremdlich, in die Kiste zu steigen. Manuela belohnt sie deshalb für jeden kleinen Fortschritt. Jede weitere Pfote in der Kiste ist ein Leckerchen wert. Der Erfolg lässt nicht lange auf sich warten!

müssen, umso schneller wird Ihr Hund ein Spiel verstehen. Denn wer nicht blind einem vorgehaltenen Leckerchen hinterherläuft, bekommt viel mehr vom Übungsablauf mit. Belohnt wird dabei natürlich trotzdem noch reichlich.

Wie auch immer Sie vorgehen und egal, was Sie mit Ihrem Hund spielen: Sorgen Sie immer dafür, dass Sie die Anforderungen zunächst ganz klein halten. Warten Sie am Anfang nicht auf das perfekte Endergebnis, sondern belohnen Sie schon winzigste Fortschritte. Wie das im Einzelfall funktioniert, erfahren Sie in den Anleitungen zu den jeweiligen Beschäftigungsmöglichkeiten. Übrigens sind alle Spiele so beschrieben, dass sie auch für Hunde und Menschen ohne Trainingserfahrung verständlich sind.

Wie Sie ihrem Hund beibringen, der leeren Hand zu folgen:

- Nehmen Sie zuerst ein Leckerchen in die Hand und lassen Sie Ihren Hund hinterherlaufen. Folgt er Ihrer Hand, erhält er daraus das Leckerchen.
- Verbergen Sie das Leckerchen immer mehr in Ihrer Hand, sodass Ihr Hund es nicht mehr sehen und auch schlechter riechen kann. Lassen Sie ihn wieder hinter der Hand herlaufen und belohnen Sie ihn daraus.
- In einem nächsten Schritt belohnen Sie immer noch das Folgen der Leckerchenhand. Die Belohnung kommt jetzt jedoch aus der anderen Hand: Sie zaubern die Leckerchen damit blitzschnell aus einem bereitstehenden Becher oder aus einer Gürteltasche hervor.
- Machen Sie das ein paar Mal, bis Ihr Hund sich an den Ablauf gewöhnt hat. Lassen Sie dann das Leckerchen aus der „Folgehand“ weg. Die Hand halten Sie dabei trotzdem noch so, als hätten Sie Futter darin! Ihr Hund wird der Hand vermutlich trotzdem hinterherlaufen – und wird dafür von Ihnen sofort mit dem bereitstehenden Futter belohnt.
- Üben Sie dies häufiger. Lassen Sie Ihren Hund nach und nach etwas längere Strecken hinter Ihrer leeren Hand herlaufen, bevor er – aus der anderen Hand – belohnt wird.

Das richtige Timing

Auch wenn Sie in diesem Buch keine komplexen Übungen und Tricks finden, kann Ihnen ein wenig Wissen um das Lernverhalten unserer Vierbeiner nützlich sein. Das richtige Timing ist zum Beispiel sehr wichtig. Hunde lernen am schnellsten, wenn sie verstehen, wofür sie belohnt werden. Um das zu erreichen, müssen Sie blitzschnell mit der Belohnung sein! Wenn Ihr Hund etwas macht, was Sie gut finden, haben Sie kaum mehr als 1 Sekunde (!) Zeit, um darauf zu reagieren. Andernfalls ist die Wahrscheinlichkeit groß, dass Ihr Hund gar nicht genau weiß, wofür er seine Belohnung erhält.

Am einfachsten ist es, wenn Sie sich ein kurzes und prägnantes Wort überlegen, das Sie immer genau in dem Moment sagen, wenn Ihr Vierbeiner etwas toll macht und sich eine Belohnung bei Ihnen abholen kann: ein „Fein!", ein „Yip!" oder ein „Yes!" zum Beispiel. Damit Ihr Hund die Bedeutung Ihres „Markierungswortes" als Ankündigung einer Belohnung versteht, sprechen Sie es ein paar Mal in seiner Gegenwart aus und stecken ihm danach jedes Mal sofort ein attraktives Leckerchen zu. Ab sofort können Sie Ihr Wort beliebig in Spiel und Training einsetzen.

Übrigens funktioniert nach diesem Prinzip auch das Clickertraining: Mithilfe eines prägnanten Geräusches (ein Clicker ist eine Art Knackfrosch) kann das erwünschte Verhalten des Hundes punktgenau markiert werden. Durch das gute Timing und das Belohnen allerkleinster Verhaltensansätze versteht der Hund immer genau, was sein zweibeiniger Trainingspartner von ihm möchte. „Clicker-Hunde" sind deshalb besonders begeisterte Übungspartner, arbeiten sehr selbstständig und zeigen viel Eigeninitiative.

Hilfreiche Trainingsassistenten

Bei einigen Spielen, zum Beispiel beim Tunnel im Wohnzimmerparcours oder beim Herbeikommspiel im Garten, kann es hilfreich oder erforderlich sein, dass Sie Ihren Hund schon mit einer Belohnung auf der anderen Seite oder am Ziel erwarten. Wenn Ihr Hund das Warten an einer Stelle gelernt hat, ist das ideal. Falls nicht, kann ein menschlicher Assistent wertvolle Hilfestellung leisten, indem er bei dem wartenden Hund bleibt. Er kann ihn zum Beispiel mithilfe eines Leckerchens dazu bringen, die Stellung zu halten. Auch ein vorsichtiges Festhalten des Hundes ist möglich. Am angenehmsten ist das für Ihren Hund am Brustgeschirr. Dass Ihr Assistent keinen aufgeregt zappelnden Hund im Klammergriff halten sollte, versteht sich von selbst.

Geteilte Freude ist doppelte Freude: Ein netter zweibeiniger Mitspieler kann nicht nur wertvolle Hilfestellung leisten, sondern selbst auch eine Menge Spaß am Spiel mit dem Hund haben. Wer mag, bezieht gleich die ganze Familie mit ein.

In der Kürze liegt die Würze

Weniger ist mehr: Spielen und üben Sie lieber kurz und dafür häufiger als in einer langen, anstrengenden Trainingseinheit. Ein paar Minuten am Stück genügen am Anfang völlig!

Beenden Sie Ihr Spiel immer mit einem Erfolgserlebnis. Sollte die neue Herausforderung einmal überhaupt nicht mehr gelingen, gehen Sie einen Schritt zurück und belohnen zum Abschluss das, was Ihr Hund schon kann.

Und wenn's mal gar nicht klappt?

Es gibt immer Situationen, in denen gar nichts mehr geht. Dann halten Sie es wie ein guter Lehrer: Fragen Sie sich, was Sie selbst besser machen können, damit Ihr Hund erfolgreich sein kann und Sie versteht. Betrachten Sie es als persönliche Herausforderung, die Übungssituation so zu verändern, dass Ihr Hund damit klarkommt. Senken Sie zum Beispiel die Anforderungen, belohnen Sie häufiger, spielen Sie in einer ablenkungsärmeren Umgebung und so weiter.

Berücksichtigen Sie, dass auch Ihr Hund mal schlechte Tage hat und nicht immer in Bestform ist.

Und wenn Sie merken, dass trotz alledem ein Spiel partout nicht gelingen oder Ihnen und Ihrem Hund keinen rechten Spaß machen will, probieren Sie eben zunächst etwas anderes aus. So manches Problemchen hat sich dadurch schon von selbst in Luft aufgelöst.

Was in Ihrem gemeinsamen Spiel nichts zu suchen hat sind Verbissenheit und Ungeduld, böse Worte und „Handgreiflichkeiten". Versuchen Sie doch mal, ganz auf Unmutsäußerungen wie „Nein", „Pfui" und Ähnliches zu verzichten. Vermitteln Sie Ihrem Hund lieber auf nette Art, was Sie von ihm möchten, anstatt Stress und schlechte Laune zu verbreiten!

Kurze und erfolgreiche Spieleinheiten machen Lust auf mehr! Beenden Sie Ihr Spiel, solange Ihr Hund noch völlig konzentriert und begeistert dabei ist.

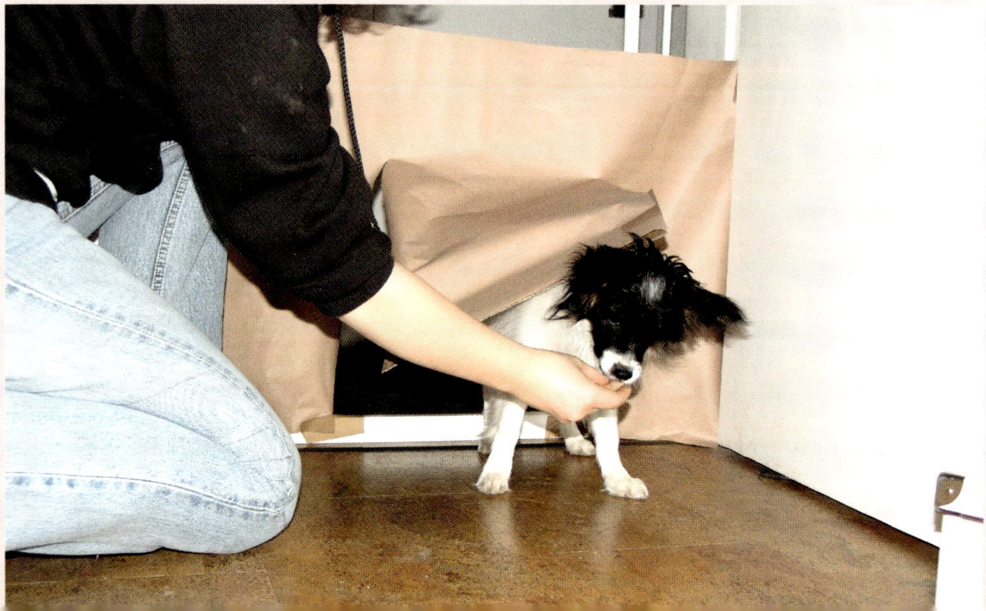

Ihr Hund, das beste Stimmungsbarometer

Ob das gemeinsame Spiel für Ihren Hund tatsächlich spaßbringend und entspannend ist, teilt er Ihnen ständig selbst mit. Machen Sie sich vertraut mit seiner Körpersprache und seinem Ausdrucksverhalten und lernen Sie Ihren Hund zu lesen. Hektisches Bellen und Herumhüpfen oder übermäßiges Hecheln beim gemeinsamen Spiel deuten zum Beispiel darauf hin, dass die Aufregung zu groß und Ihr Hund möglicherweise mit der Situation überfordert ist. Eine anliegende Schwanzwurzel, zurückgelegte Ohren, eine angespannte oder geduckte Körperhaltung können Signale dafür sein, dass sich Ihr Hund im Moment nicht wohl fühlt.

Vielleicht zeigt Ihr Hund bei einigen Übungen auch so genannte Beschwichtigungssignale, fährt beispielsweise häufig mit der Zunge über seine Nase, kneift die Augen zusammen, gähnt, dreht den Kopf weg oder schnüffelt intensiv am Boden. Ihr Hund sagt Ihnen auf diese Weise, dass es ihm etwas unbehaglich zu Mute ist.

Hier sind wieder einmal Sie gefragt. Überlegen Sie, wie Sie die Übungssituation verändern können. Oft sind es Kleinigkeiten, die Besserung bringen: indem Sie zum Beispiel in die Hocke gehen, anstatt sich über Ihren Hund zu beugen, ihm etwas mehr Bewegungsspielraum geben oder Ihre Anforderungen senken und die Übungsschritte kleiner halten. Im Zweifelsfall suchen Sie sich eine andere Übung aus, die Ihrem Hund besser gefällt und bei der er sich richtig wohl fühlt!

BESCHWICHTIGUNGSSIGNALE

Beschwichtigungssignale, auch Calming Signals genannt, sind zum einen kleine Höflichkeitsgesten im alltäglichen Umgang mit Artgenossen und Menschen. Zum anderen werden sie verstärkt dann ausgesandt, wenn Hunde sich unbehaglich fühlen oder merken, dass jemand anderes – Mensch oder Hund – beunruhigt ist. Wer auf Beschwichtigungssignale seines Hundes achtet und auf sie reagiert, schenkt seinem Vierbeiner ein ganzes Stück Lebensqualität – nicht nur im gemeinsamen Spiel. Häufige Beschwichtigungssignale sind:

- Schlecken der Nase/Züngeln
- Blinzeln/Zusammenkneifen der Augen
- Wegdrehen des Kopfes oder des gesamten Körpers
- Gähnen
- Verlangsamung von Bewegungen
- sich ruhig hinsetzen oder hinlegen
- am Boden schnüffeln
- Vorderkörpertiefstellung (ähnlich einer Spielaufforderung)
- Heben einer Pfote
- Laufen eines Bogens anstelle direkter Annäherung
- „Splitten“: Hund schiebt sich zwischen zwei Hunde oder auch Menschen, um aus seiner Sicht kritische Situationen zu entschärfen
- in bestimmten Situationen auch Pinkeln

Sprechen Sie „Hund"? Dann haben Sie sicher gleich erkannt, was für eine große Herausforderung die scheinbar kinderleichte Aufgabe für den kleine Fredo ist. Es kostet viel Überwindung, sich das Leckerchen aus dem Karton zu holen. Achten Sie auch bei Ihrem Hund immer darauf, was er Ihnen während der gemeinsamen Aktivitäten mitteilt. Fotos: J. Hannemann

Übrigens: Auch beim Entstehen dieses Buches wurde darauf geachtet, dass die Fototermine zu einem angenehmen, stressarmen Erlebnis für die Vierbeiner wurden: Um die 40 Hunde und ihre Menschen wirkten daran mit. Die Bilder wurden zum Großteil bei jedem Einzelnen zu Hause oder in anderer vertrauter Umgebung aufgenommen: dort, wo die Hunde sich wohl fühlen. Die meisten Vierbeiner stellen solche Spiele vor, die bereits jetzt Bestandteil ihres Alltags sind.

Wenn Kinder mitspielen

Viele der beschriebenen Beschäftigungsmöglichkeiten sind im wahrsten Sinne des Wortes kinderleicht. Und natürlich ist es toll, wenn die ganze Familie in das Spiel mit dem Hund einbezogen wird. Kind und Hund können eine Menge Spaß miteinander haben und gleichzeitig viel voneinander lernen. Haben Sie aber zunächst ein Auge darauf, wenn Kind und Hund miteinander spielen, und unterstützen Sie den Nachwuchs beim richtigen Umgang mit dem Hund. Erklären Sie den Kindern die Spielregeln und achten Sie darauf, dass beide Spielpartner sich bei den gemeinsamen Aktivitäten gut fühlen.

Was tun im Mehrhundehaushalt?

Gehören Sie zu den glücklichen Menschen, die sich gleich über mehrere Vierbeiner im Haushalt freuen können? Dann können Sie in das eine oder andere Spiel tatsächlich gut mehrere Hunde einbeziehen. Was spricht beispielsweise dagegen, statt einen Vierbei-

Kind und Hund können tolle Spielkameraden sein. Mit ein wenig Unterstützung fühlen sich beide pudelwohl bei den gemeinsamen Aktivitäten.

ner zwei oder drei Hunde gleichzeitig dazu zu bringen, auf einen Baumstamm zu klettern? Hunde, die nicht futterneidisch sind, können sich auch gemeinsam an Leckerchensuchspielen erfreuen: Je größer die Fläche ist und je mehr Raum zur Verfügung steht, desto besser.

Bei vielen anderen Übungen wiederum bricht das Chaos aus, wenn sich mehrere Hunde auf dem Spielfeld tummeln. Sie tun sich und Ihren Hunden dann einen größeren Gefallen, wenn Sie ein wenig Management betreiben. Wenn Ihre Hunde schon gelernt haben, auf Ihr Signal hin an einer bestimmten Stelle zu bleiben, kann Hund Nummer 1 am Rande des Geschehens warten, während Hund Nummer 2 mit Ihnen ein Spiel spielt. Hund Nummer 1 wird genauso für das Warten belohnt wie Hund Nummer 2 für das erfolgreiche Spiel. Später geht es mit vertauschten Rollen weiter.

Für viele Hunde und Menschen ist diese Variante aber zu stressig, vor allen Dingen dann, wenn es mit dem ruhigen Warten nicht so gut klappt. In diesem Fall darf Hund Nummer 1 eine kleine Auszeit in einem anderen Raum genießen. Seine Wartezeit kann prima mit einem Kauspiel versüßt werden, beispielsweise mit einem Kauknochen oder einem mit Futter gefüllten Naturkautschukspielzeug. So haben Sie gleich zwei Fliegen mit einer Klappe geschlagen: Sie können eine ruhige Trainingssituation genießen und beide Hunde werden sinnvoll beschäftigt. So oder ähnlich gehen Sie natürlich auch vor, wenn in Ihrem Haushalt noch weitere Hunde leben!

Jetzt kann es endlich losgehen! Sie sind nun bestens gerüstet für die gemeinsamen Aktivitäten. Blättern Sie im Buch und suchen Sie sich die Dinge heraus, die Ihnen und Ihrem Hund am meisten Spaß machen. Es ist ganz egal, an welcher Stelle Sie einsteigen und in welcher Reihenfolge Sie die Beschäftigungsmöglichkeiten ausprobieren. Viel Vergnügen beim gemeinsamen Spiel!

Damit es Hund und Mensch richtig Spaß macht, hier die wichtigsten Spielregeln in der Zusammenfassung.

- Passen Sie die Auswahl der Spiele den Fähigkeiten Ihres Hundes an.
- Verwenden Sie nur Zubehör, an dem Ihr Hund sich nicht verletzen kann.
- Leckerchen sind die ideale Belohnung für erfolgreich absolvierte Übungen. Verfüttern Sie einen Teil der normalen Tagesration.
- Mit einem Leckerchen in der Hand können Sie Ihren Hund bei vielen Übungen in die richtige Richtung locken. Wer mehr will, bringt seinem Vierbeiner das Folgen der leeren Hand bei.
- Halten Sie zu Beginn die Anforderungen minimal und belohnen Sie jeden kleinen Fortschritt.
- Damit Ihr Hund versteht, wofür er belohnt wird, muss die Belohnung blitzschnell kommen. Ein „Markierungswort“ leistet wertvolle Hilfe.
- Ziehen und schieben Sie Ihren Vierbeiner nicht. Verlieren Sie nie die Geduld und gute Laune.
- Halten Sie Ihre Spieleinheiten kurz. Ein paar Minuten sind ausreichend!
- Beenden Sie Ihr Spiel immer mit einem Erfolgserlebnis.
- Ob Ihr Hund sich wohl fühlt oder Sie noch etwas an der Übungssituation verändern müssen, verrät Ihnen seine Körpersprache.
- Haben Sie ein Auge darauf, wenn Hunde und Kinder miteinander spielen.
- Im Mehrhundehaushalt spielen Sie viele Spiele besser getrennt.

Egal, was Sie und Ihr Hund ausprobieren: Hauptsache, Sie haben beide Spaß daran.

Schnüffelspaß für Supernasen

Wir alle wissen, dass unsere Hunde um ein Vielfaches besser riechen können als wir Menschen. Ihr Orientierungssinn ist zum großen Teil auf den Einsatz der Nase ausgerichtet. Aufgaben, bei denen unsere Vierbeiner ihr Riechorgan benutzen können, machen ihnen deshalb besonders viel Spaß. Und noch viel mehr spricht für die Nasenarbeit: Der Einsatz der Nase gibt dem Hundehirn etwas zu tun und fördert das konzentrierte Arbeiten. Nasenspiele lasten den Hund aus, ohne ihn dabei übermäßig aufzuputschen. Sie machen Hunde müde, ohne sie allzu sehr zu erschöpfen. Nicht nur für die Vertreter der Jagdhunderassen, denen das Schnüffeln ganz besonders im Blut liegt, ist die Nasenarbeit eine wertvolle Ersatzbeschäftigung. Sie ist generell ein Garant für zufriedene, ausgeglichene Hunde.

Die Einstiegsklasse

In der Einstiegsklasse der Nasenspiele können Sie sofort loslegen. Sie verstauen an einem Ort Ihrer Wahl ein paar Leckerchen und lassen sie Ihren Hund erschnüffeln. Das klingt simpel und ist es auch. Und das ist das Gute an den Leckerchensuchspielen! Sie sind ganz besonders einfach umzusetzen, machen Ihrem Hund aber unter Garantie viel Spaß und geben ihm ordentlich etwas zu tun. Außerdem bieten sie vielfältige Variationsmöglichkeiten. Spielen können Sie die Leckerchensuchspiele überall: im heimischen Wohnzimmer genauso wie im Garten oder auf dem Spaziergang, bei gutem und bei schlechtem Wetter. Leckerchensuchspiele sind zudem eine ideale Ablenkung, wenn Ihr Hund allein zu Hause bleiben soll: Sie verstecken das Futter und während er sich mit der Suche beschäftigt, können Sie ihn meist beruhigt zurücklassen.

Ein einziges Futterbröckchen kann Ihren Hund minutenlang beschäftigen! Sie können (fast) überall Leckerchen für ihn verstecken und ihn danach suchen lassen.

Tierheiminsasse Amore ist die Leckerchensuche zu Beginn gar nicht gewohnt. Ein ganz einfaches Suchspiel bringt ihn auf den Geschmack. Gerade für aufgeregte Hunde wie Amore sind Schnüffelspiele eine wertvolle und beruhigende Beschäftigung.

Tipps für Schnüffelspiele

- Im Grunde ist die Futtersuche für Hund und Mensch selbsterklärend. Der Hund sieht und riecht das Essbare und legt los.
- Wenn Sie wissen, dass Ihr Hund nicht ruhig dasitzen wird, während Sie das Suchspiel vorbereiten, sorgen Sie vor. Ehe Sie Ihre Nerven und die Ihres Hundes mit unnötigen und oft wirkungslosen „Neins“ und „Pfuis“ strapazieren, lassen Sie Ihren Hund entweder vor der Tür warten oder bitten Sie einen menschlichen Assistenten um Hilfe. Der kann den Hund ein wenig ablenken oder vorsichtig festhalten.
- Wenn Sie mögen, kündigen Sie Ihrem Hund die beginnende Suche mit einem bestimmten Wort (zum Beispiel „Such“) an. Das sagen Sie, sobald er die ausgestreuten Leckerchen entdeckt hat und sie erschnüffeln will. So ein Hörzeichen

kann praktisch sein, wenn Sie die Suchaktivitäten später weiter ausbauen möchten und Ihr Hund auf größeren Flächen nach kleineren Futtermengen suchen soll. Sie können ihm damit seine Aufgabe mitteilen, auch wenn er den Duft der Leckerchen noch nicht in der Nase hat.

- Die Leckerchen, die Sie bei Ihren Spielen einsetzen, ziehen Sie Ihrem Hund natürlich von seiner Tagesration ab. Planen Sie doch von vornherein einen Teil des täglichen Futters für Schnüffelspiele ein!

Die erschnüffelte Mahlzeit

So schnell kommt Abwechslung in den Hundealltag: Statt Ihren Hund immer aus dem Napf zu füttern, können Sie das Futter ab und zu in der Wohnung oder im Garten verteilen und Ihr Hund darf es suchen. Wenn Ihr Vierbeiner Feucht- oder Frischfutter bekommt, verstecken Sie doch einfach den ganzen Napf oder verteilen Sie die Ration auf mehrere Näpfe und Teller, die Sie dann verstecken. Wenn Ihr Hund noch ungeübt ist, machen Sie es ihm einfach und halten Sie das Suchgebiet zunächst ganz klein.

Wo ist das Frühstück? Noch etwas zaghaft, aber mit wachsender Begeisterung sucht Rover auf einer Wiese nach seiner Mahlzeit. Trotz seines Handicaps ist er mit Freude beim gemeinsamen Spiel dabei: Rover ist blind und deshalb ganz auf den Einsatz seiner Nase angewiesen.

Leckerchen im Tarnmantel

Bauen Sie ein paar Herausforderungen in Ihre Leckerchensuche ein: Wählen Sie Bodenbeläge und Untergründe, auf denen Ihr Hund die Leckerchen nicht auf Anhieb sehen kann. Starten Sie Ihre Suche beispielsweise auf gemasertem Holzfußboden, gemustertem Teppich, im Gras, im Laub, auf einer Kiesfläche oder im Sand.

Für Asta wird ein Teil ihres Frühstücks auf einem Kiesweg ausgestreut. Hier ist voller Naseneinsatz gefragt, um das Futter zu finden.

Tipp

Wenn Sie in eine neue Umgebung kommen, in der Ihr Hund sich unsicher verhält, sorgen ein paar verstreute Leckerchen häufig dafür, dass er sich besser fühlt. Er geht beim Suchen einer gewohnten Tätigkeit nach, verknüpft die neue Umgebung mit etwas Angenehmem und kann sich gleichzeitig beim Schnüffeln unauffällig nach allen Seiten umschauen.

Hier bekommt Lisas Nase etwas zu tun. Die Leckerchen sind zwischen den Handtüchern versteckt.

Dusty ist gleich ganz in die Kiste geklettert und stöbert dort eifrig nach dem Futter.

Spürnase im Dunkeln

Hier kommt die Supernase Ihres Vierbeiners so richtig in Form. Sie legen ein paar Leckerchen in einen abgedunkelten Raum, machen das Licht aus und schicken Ihren Hund auf die Suche. Sobald er weiß, worum es geht, wird er mit Sicherheit später mühelos ein winziges Leckerchen im stockdunklen Raum aufspüren. Übrigens funktioniert das gleiche Spiel auch hervorragend an dunklen Winterabenden auf dem Spaziergang. Streuen Sie einfach ein paar Leckerchen aus und lassen Sie Ihren Hund danach suchen.

Leckerchen im Deckenberg

Legen Sie alte Wolldecken oder Handtücher auf den Boden. Verstecken Sie Leckerchen in den Falten und lassen Sie Ihren Meisterschnüffler danach suchen.

Die Schnüffelkiste

Für dieses Spiel brauchen Sie eine Kunststoffbox oder einen Karton. Achten Sie darauf, die Größe so zu wählen, dass Ihr Hund mühelos mit seiner Schnauze über den Rand kommt und im Inhalt stöbern kann. Sie zerknüllen nun Zeitungspapier und füllen das Behältnis damit. Anschließend versenken Sie etwas Futter in der Kiste – und los geht der Wühl- und Schnüffelspaß! Sie können in Ihre Schnüffelkiste anstelle des Zeitungspapiers auch ein paar alte Lappen, Tücher oder Socken legen und die Leckerchen dazwischen verstecken.

Futtersuche feuchtfröhlich

Schauen Sie, was Ihr Hund macht, wenn Sie ein wenig unsinkbares Trockenfutter in seinem Wassernapf oder in einer anderen Schüssel zu Wasser lassen. Er wird die Leckerbissen zunächst erschnüffeln und dann mit etwas Geschick aus dem kühlen Nass angeln. Wenn Ihr

Hund zu sehr planscht und prustet, verlegen Sie Ihren Wasserspaß einfach nach draußen. Auf dem Spaziergang können Sie die Leckerchensuche auch in einer Pfütze starten – dort muss Ihr Vierbeiner seine Nase noch mehr bemühen.

Leckerchensuche dreidimensional

Wenn Ihr Hund schon ein routinierter Sucher ist, wird es Zeit für die dritte Dimension. Verstecken Sie die Leckerchen in (niedrigen) Regalen, legen Sie sie auf Stühle oder draußen auf einen Baumstumpf oder niedrigen Ast.

Queenie folgt einer duftenden Spur und findet am Ende einen besonderen Leckerbissen. Was hier auf den hellen Fliesen ein Kinderspiel ist, wird auf Rasen, Waldboden oder dem gemusterten Teppich zu einer größeren Herausforderung – vor allem wenn die Leckerchen nur noch Krümelgröße haben!

Damit hätte Asta überhaupt nicht gerechnet: Den Leckerchenduft hat sie sofort in der Nase. Sie sucht erst gründlich den Boden ab, bis ihr endlich ein Licht aufgeht. Die Gerüche kommen von oben – das Leckerchen hängt im Strauch!

Duftspur Marke „Hänsel und Gretel"

Legen Sie Ihrem Hund doch einfach mal eine Spur aus kleinen Leckerchenbröseln. Folgt er ihr, findet er am Ende eine tolle Belohnung. Wenn Sie draußen spielen, können Sie auch eine Scheibe Fleischwurst über den Rasen ziehen. Bringen Sie Ihren Hund zum Anfang Ihrer „Schleppfährte" und beobachten Sie, ob er der duftenden Spur folgt – und am Ende die Fleischwurst findet.

Spielzeug statt Leckerchen

Wenn Sie einen spielzeugverrückten Hund haben, wird er das versteckte Spielzeug mit ähnlichem Eifer suchen wie seine Leckerchen. Zu Beginn deponieren Sie das Spielzeug vor seinen Augen an einem ganz einfachen Versteck. Mit Sicherheit wird Ihr Hund sofort losstürmen, um das begehrte Objekt hervorzuholen – und bekommt so eine Idee davon, was hier

Maike ist ein Spielzeugfan. Für ein Versteckspiel mit ihrem Lieblingsball ist sie immer zu haben. Während Maike hinter einer Ecke wartet, versteckt Silke den Ball unter einem Teppich. Kein Problem: Maikes gute Nase weist ihr schnell den Weg zum Ziel!

gespielt wird. Später lassen Sie Ihren Hund so warten, dass er nicht mehr sehen kann, wo Sie sein Spielzeug verstecken.

Der Nachteil der Spielzeugsuche: Während Leckerchen an Ort und Stelle vernascht werden dürfen, muss Spielzeug wieder hergegeben werden. Hund-Mensch-Teams, die das noch nicht geübt haben, könnten damit Schwierigkeiten haben. Wenn allerdings Bällchenwerfen und Stöckchenspiele ohnehin zu Ihrem Alltag gehören, dann verstecken Sie das Spielzeug öfter mal, anstatt es zu werfen. Während das häufige Hinterherjagen fliegender Bälle und Stöcke den Hund regelrecht aufputscht, fördern Suchspiele Ruhe und Konzentration.

Sie wollen mehr?

Jedes Ihrer Suchspiele können Sie ganz allmählich im Schwierigkeitsgrad erhöhen:

- Bei der Futtersuche verringern Sie die Zahl der ausgestreuten Leckerchen.
- Ist Ihr Hund ein begeisterter Spielzeugsucher, erhöhen Sie nach und nach den Schwierigkeitsgrad der Verstecke.
- Sie können sich auch ganz auffällig vor den Augen Ihres Hundes an verschiedenen Orten bücken, um dort scheinbar Leckerchen oder Spielzeug zu deponieren. So sieht Ihr Hund nicht auf Anhieb, wo sie das Suchobjekt tatsächlich hinlegen.
- Vergrößern Sie allmählich die Suchgebiete.

Wenn Ihr Hund die Suchspiele kennen gelernt hat, wird er mit etwas Übung mühelos das gesamte Wohnzimmer, einen Teil Ihres Gartens oder die ganze Schnüffelkiste nach einem einzigen Leckerchen oder seinem Spielzeug durchstöbern.

Coda ist mittlerweile ein echter Suchprofi. Er hat keine Ahnung, wo auf der großen Wiese sein Spielzeug versteckt wurde. Es ist faszinierend, dabei zuzusehen, wie er in blitzschnellem Tempo in weiten Kreisen die gesamte Fläche absucht … und nach kurzer Zeit das Objekt der Begierde findet!

Geruchsunterscheidung leicht gemacht

Für Hunde ist es ein Kinderspiel, Gerüche voneinander zu unterscheiden oder bestimmte Düfte aufzuspüren. Das können wir prima in das alltägliche Spiel einbauen.

Das Hütchenspiel

Bei diesem Spiel soll Ihr Hund einfach seine Nase einsetzen und Ihnen anzeigen, wo das Leckerchen versteckt ist.

Sie brauchen dafür

- mehrere Küchensiebe (so genannte Durchschläge), alternativ auch umgedrehte Blumentöpfe aus Ton, durch deren Löcher die Leckerchen zu riechen sind,
- und Leckerchen.

Und so funktioniert's:

- Die Siebe werden nebeneinander auf den Boden gestellt.
- Während Ihr Hund auf seinen Einsatz wartet, heben Sie alle Siebe kurz hoch, verstecken aber nur unter einem die Leckerchen.
- Beobachten Sie nun, was Ihr Hund macht. Bestimmt können Sie an seiner Reaktion beim Beschnüffeln der Siebe genau erkennen, unter welchem Sieb er die Leckerchen findet. Vielleicht kratzt er mit der Pfote daran, vielleicht wedelt er aufgeregt mit dem Schwanz oder versucht, mit der Schnauze unter das Sieb zu kommen.
- Belohnen Sie sein Anzeigeverhalten sofort, indem Sie das Sieb hochnehmen und Ihren Hund seine Belohnung fressen lassen.
- Legen Sie die Leckerchen in der nächsten Runde unter ein anderes Sieb.

Weimaraner Beppo wartet gespannt: Ein Sieb nach dem anderen wird hochgehoben, doch nur unter einem werden die Leckerchen versteckt! Als Nasenfachmann spürt Beppo das richtige Sieb sofort auf – und die Belohnung winkt.

Schnüffeln wie die Profis

Haben Sie Lust, etwas tiefer in die Geruchsunterscheidung einzusteigen? Sie können Ihrem Hund ganz einfach beibringen, unter mehreren gleichartigen Gegenständen denjenigen herauszusuchen, der nach seinem Menschen riecht. Sie finden das schwierig? Für Ihren Hund ist dieses Spiel etwa so kompliziert wie für Sie die Aufgabe, einen roten von einem grünen Punkt zu unterscheiden.

Die einfachste Variante der Geruchsunterscheidung haben Sie unbewusst vielleicht schon längst ausprobiert: Werfen Sie ab und zu einen Stock (Achtung: Stöcke oder Teile davon können sich in den Rachen des Hundes bohren und böse Verletzungen hervorrufen!) oder einen Fichtenzapfen für Ihren Hund? Bestimmt haben Sie das auch schon im Wald getan, wo ganz viele Stöcke und Fichtenzapfen auf dem Boden liegen. Es bedarf keiner hellseherischen Fähigkeiten, um ziemlich sicher zu sein, dass Ihr Hund trotz der vielen ähnlich aussehenden Dinge rundherum Ihnen genau den Stock oder Zapfen zurückgebracht hat, den Sie geworfen haben. Sie sehen: Ihr Hund ist ein geborener Geruchsunterscheidungsspezialist.

Wenn Ihr Hund Wurfspiele mag und Sie der Sache bei Ihrem nächsten Spaziergang auf den Grund gehen möchten, können Sie das folgendermaßen tun:

- Sie und Ihr Hund spielen zunächst ein wenig mit einem bestimmten Zapfen. So wird er für Ihren Hund interessant und nimmt den Geruch von Ihnen beiden an.
- In Ihrem Spiel werfen oder legen Sie den Zapfen irgendwann ganz beiläufig dorthin, wo schon mehrere andere in der Nähe liegen.
- Nimmt der Hund den richtigen Zapfen auf und bringt ihn zurück? Wahrscheinlich ja!

Das hat vielleicht auch Ihr Hund schon gemacht: Sie spielen mit einem Fichtenzapfen, werfen oder legen ihn in die Nähe anderer Zapfen – und er bringt Ihnen genau Ihren Zapfen wieder zurück. Probieren Sie es aus. Jeder Hund ist ein Geruchsunterscheidungsspezialist!

Nicht nur wenn Ihr Hund kein übermäßiger Wurfspielfan ist, sondern auch wenn Sie die Geruchsunterscheidung weiter ausbauen und an den verschiedensten Gegenständen ausprobieren möchten, können Sie diese Art der Nasenarbeit ganz gezielt üben. Wie das funktioniert, sehen Sie in der folgenden Bilderserie.

Als Zubehör brauchen Sie mehrere gleichartige Objekte (beispielsweise neue Bierdeckel, Stofflappen, Fichtenzapfen), eine Grillzange oder einen ungebrauchten Einweghandschuh sowie schmackhafte Belohnungsleckerchen. Fassen Sie nur das Objekt an, das Ihr Hund später heraussuchen soll. Alle anderen Objekte berühren Sie ausschließlich mit Grillzange oder Handschuh.

Nehmen Sie das Objekt, das Ihr Hund später finden soll, für ein paar Minuten in die Hand oder stecken Sie es in die Tasche. So nimmt es Ihren Geruch an.

Zeigen Sie Ihrem Hnd das nach Ihnen riechende Objekt. Spielen Sie gemeinsam etwas damit. Ist Ihr Hund kein begeisterter Spieler, belohnen Sie ihn mit einem Lobwort (oder mit dem Clicker, wenn Ihr Hund ihn kennt) und sofort folgendem Leckerbissen für jedes Interesse am Objekt.

Legen Sie das Objekt auf den Boden oder werfen Sie es ein Stück von sich weg. Bestimmt läuft Ihr Hund sofort hin. Belohnen Sie jede Reaktion, die zeigt, dass der Hund das Objekt wahrgenommen hat, egal ob er das Objekt beschnüffelt, anstupst, in die Schnauze nimmt oder sich einfach davor hinsetzt und Sie anschaut. Sie können Ihren Hund nach ein paar Durchgängen auch mit einem Hörzeichen (zum Beispiel „Wo ist meins?“ oder „Such meins!“) zum Objekt schicken.

Jetzt kommt ein zweites, neutral riechendes Objekt ins Spiel. Nehmen Sie es mit Zange oder Handschuh und legen Sie es auf den Boden. Platzieren Sie das nach Ihnen riechende Objekt in kleinem Abstand daneben. Ihr Hund wird nun die Objekte unter die Lupe nehmen.

Belohnen Sie Ihren Hund sofort für jede Annäherung an das richtige Objekt – auch wenn es anfangs eher zufällig erscheint! Wenn Ihr Hund einmal versehentlich ein neutrales Objekt in die Schnauze nimmt (dafür gibt es dann einfach keine Belohnung) oder Sie es irrtümlich angefasst haben, wechseln Sie es aus und starten neu.

Beobachten Sie Ihren Hund beim Beschnüffeln der Objekte ganz ge nau. Garantiert teilt er es Ihnen durch ein Anzeigeverhalten mit, w er den richtigen Gegenstand gefunden hat: beispielsweise durch in tensiveres Schnüffeln, ein schnelles Schwanzwedeln, einen Blick zu nen oder ein Anstupsen oder Hochnehmen des richtigen Objektes. lohnen Sie ihn dafür! Üben Sie das einige Male und verändern Sie dabei die Positionen der Objekte untereinander. Achten Sie darauf dass Sie die neutralen Objekte nicht hinlegen, wo vorher das richti Objekt gelegen hat. Am besten verlagern Sie Ihren Übungsort nach jedem Durchgang um ein paar Meter.

Nach und nach bringen Sie weitere neutral riechende Objekte ins Sp Sie können später auch andere Personen bitten, die neutralen Gegen stände zu berühren, sodass Ihr Hund zwischen mehreren menschlich Gerüchen unterscheiden muss. Vielleicht haben Sie später auch Lust ein Schuh- oder Socken-Memory zu spielen, in dem der Hund Ihre Socke oder Ihren Schuh aus verschiedenen getragenen Socken und Schuhen Ihrer Familie oder Ihrer Besucher herausfinden soll.

Blitzeinstieg in die Spurensuche

Ganz besonders faszinierend ist es für uns Menschen, Hunden bei der Verfolgung einer Fährte zuzuschauen. Vielleicht kommt Ihnen jetzt Kommissar Rex oder einer seiner vierbeinigen Kollegen in den Sinn, die mit gesenkter Nase auf die Spur eines Verbrechers gehen. Lassen Sie Ihre Gedanken nicht allzu weit schweifen: Auch Ihr Hund ist ein Experte im Fährtenlesen! Überlegen Sie, wie oft er auf dem Spaziergang plötzlich seine Nase einsetzt und augenscheinlich auf einer Spur ist: eines Hasens, der Nachbarskatze, eines Artgenossen oder Lieblingsmenschen.

Zwar können wir Menschen mit unserem beschränkten Riechorgan den Hunden in dieser Disziplin nicht viel beibringen. Wir können ihnen aber eine große Freude bereiten, wenn wir mit ihnen einen Ausflug in die Welt der Gerüche unternehmen. Bauen Sie die natürlichen Veranlagungen Ihres Hundes in Ihr Spiel ein!

Starten Sie mit einem kleinen Experiment auf dem Spaziergang.

- Dazu sollten Sie mit einem Familienmitglied oder einem guten Bekannten (den Ihr Hund besonders gern mag) unterwegs sein. Ihr Hund trägt ein Brustgeschirr und läuft an einer vergleichsweise langen Leine (Profis nehmen eine 10 Meter lange Feldleine). Ihr Helfer hat schmackhafte Leckerchen bei sich.
- Irgendwann auf dem Spaziergang bleiben Sie stehen. Vor den Augen Ihres Hundes geht der Helfer mitsamt den Leckerchen ein Stück voraus. Nach zunächst etwa 30 Schritten schlägt er sich nach rechts oder links in die Büsche oder verschwindet um die Ecke und wartet dort. Ihr Hund sollte ihn dann nicht mehr sehen können.

Jeder Hund ist ein Experte im Spurensuchen – auch Ihrer!

- Mit Sicherheit wird Ihr Hund ungeduldig darauf warten, seinem zweibeinigen Freund folgen zu können. Er will ihn wiederfinden! Lassen Sie die Leine lang, folgen Sie Ihrem Hund und beobachten Sie, was er macht. Er wird alle seine Sinne einsetzen, um Ihren Helfer aufzustöbern.
- Hat Ihr Hund sein Ziel erreicht, wird gefeiert! Freuen Sie sich über den Erfolg und geizen Sie nicht mit Leckerchen.

Wundern Sie sich nicht, wenn Ihr Hund nicht stän-

Für den Hund die normalste Sache der Welt, für uns Menschen immer wieder faszinierend: Die gute Nase hilft dabei, den versteckten Zweibeiner schnell aufzustöbern.

dig mit der Nase am Boden klebt, anscheinend nicht genau auf der Spur Ihres Helfers läuft oder den Weg abkürzt, denn die Gerüche werden vom Winde verweht und sind teilweise ganz woanders. Ohnehin benutzen Hunde, wenn sie etwas suchen, in aller Regel zuerst ihre Augen, wittern dann mit erhobener Nase und schnüffeln als letzte Möglichkeit am Boden.

Natürlich kann es immer mal vorkommen, dass Ihr Hund sein Ziel nicht erreicht. Das hat nichts damit zu tun, dass er nicht gut riechen oder einer Fährte folgen kann. Meist sind es unsere Hunde anfangs schlichtweg nicht gewohnt, dass wir mit ihnen auf Spurensuche gehen. Manchmal weht auch der Wind einfach ungünstig und trägt die Gerüche weg. Das macht aber überhaupt nichts. Machen Sie direkt einen neuen Versuch, mit einer ganz kurzen Distanz und schnellem Erfolg! Werden Sie niemals ungeduldig oder korrigieren und tadeln Sie Ihren Hund.

Spurensuche für Jagdhunde: Heizt das nicht erst richtig den Jagdtrieb an?
Das Verfolgen von Spuren kann Ihr Hund ohnehin längst! Da in Ihren Nasenspielen nur menschliche Fährten verfolgt werden, lernt Ihr Hund, dass es im Wald Interessanteres gibt als das Aufstöbern von allerlei Getier. Spurensuche befriedigt die natürlichen Bedürfnisse Ihres schnüffelfreudigen Hundes und ist eine ideale Jagdersatzbeschäftigung!

Haben Sie und Ihr Hund Spaß an der Sache bekommen? Dann darf Ihr Helfer allmählich weitere Strecken laufen und zusätzlich den einen oder anderen Haken schlagen. Natürlich passen Sie den erhöhten Schwierigkeitsgrad immer den Fähigkeiten Ihres Hundes an. Wie Sie die Spurensuche weiter ausbauen und Ihren Hund sogar dazu bringen können, einer Spur zu folgen, ohne dass der Helfer am Ende wartet, zeigt Ihnen unsere Bilderserie.

Ihr Hund (in „Arbeitskleidung" mit Brustgeschirr und 10-Meter-Leine) geht mit Ihnen und Ihrem Helfer zum geplanten Startpunkt auf einer Wiese oder im lichten Wald. Ihr Helfer hat eine Tüte oder Dose mit Leckerchen an eine Schnur gebunden und lässt Ihren Hund daran schnüffeln.

Vor den Augen Ihres Hundes läuft Ihr Helfer los. Den Beginn der Fährte markiert er mit einem Gegenstand, der seinen Geruch trägt (zum Beispiel ein Tuch oder eine Jacke). Damit die Fährte für den Hund richtig verlockend wird, zieht der Helfer während der ersten zehn Schritte die Leckerchendose oder -tüte über den Boden hinter sich her.

Ihr Helfer läuft eine L-förmige Fährte: etwa 30 Schritte geradeaus, dann biegt er rechtwinklig nach rechts oder links ab. Nach weiteren etwa 30 Schritten legt Ihr Helfer das Leckerchenbehältnis auf den Boden (verborgen hinter einem Grasbüschel oder Ast, sodass es nicht sofort sichtbar ist), geht noch ein paar Schritte weiter in Laufrichtung und kommt dann in einem großen Bogen zurück zum Start.Dort wartet der Hund und ist hoffentlich hoch motiviert, die Leckerchen zu suchen.

Lassen Sie die Leine locker und folgen Sie Ihrem Hund. Er wird nun all seine Sinne einsetzen, um das Leckerchenversteck zu finden. Er schaut sich um, wittert in die Luft, schnuppert am Boden.

Lassen Sie Ihren Hund selbstständig arbeiten, sagen Sie nichts und korrigieren Sie ihn nicht. Wenn er komplett auf dem Holzweg ist, bleiben Sie einfach stehen und schauen, ob er von selbst wieder auf den richtigen Weg findet. Falls nicht, gibt es eine neue Chance auf einer neuen Fährte. Spurensuche ist ergebnisorientiert: Je nachdem, wohin der Wind den Geruch trägt, ist es gut möglich, dass Ihr Hund mal etwas neben der Spur läuft oder den Winkel abkürzt. Auf unserem Bild jedoch geht es zielstrebig in Richtung Leckerchenbox.

Sind Sie am Ziel, wird ausgiebig gefeiert. Öffnen Sie das Leckerchenbehältnis und füttern Sie Ihren Hund daraus. Wechseln Sie Brustgeschirr oder Leine aus: Sie signalisieren Ihrem Hund damit, dass die Arbeit zu Ende ist (die Spur Ihres Helfers geht ja noch weiter!). Wenn Sie noch ein oder zwei Fährten legen möchten, tun Sie das nur dort, wo weder Sie noch Ihr Helfer Spuren hinterlassen haben. Sie können die Spurensuche bald in verschiedenen Umgebungen, mit verschiedenen Personen und mit unterschiedlichen Fährtenlängen spielen. Übrigens können Sie die Fährte für Ihren Hund auch selbst legen.

Freiwilligkeit wird beim Wohnzimmer-Agility ganz besonders groß geschrieben! Wer darauf verzichtet, seinen Hund zu schieben oder zu ziehen, wird mit einem begeisterten vierbeinigen Mitspieler belohnt, der künftig immer unerschrockener an neue Herausforderungen herangeht.

Wohnzimmer-Agility

Das Wetter ist mal wieder so richtig schlecht, es wird früh dunkel, aber Sie wollen sich und Ihren Hund trotzdem ein wenig in Schwung bringen? Dann verwandeln Sie doch zeitweise Ihr Wohnzimmer in einen kleinen Abenteuerspielplatz! Keine Sorge, Sie müssen dafür nicht extra umräumen. Nehmen Sie einfach die Dinge, die sowieso schon da sind, und bauen Sie daraus einen kleinen Parcours. Geschicklichkeits- und Wendigkeitsübungen aller Art machen nicht nur viel Spaß, sondern schulen auch das Körpergefühl Ihres Hundes und fördern als kleine Mutproben sein Selbstbewusstsein. Sie selbst werden fit darin, Ihren Hund in alle möglichen Positionen zu lotsen und ihm den Weg zu weisen.

Tipps fürs Wohnzimmer-Agility

- Natürlich haben Sie und Ihr Hund umso mehr Platz und Bewegungsfreiheit, je größer Ihre Wohnung und je kleiner Ihr Hund ist. Trotzdem müssen auch große Hunde in kleinen Wohnungen nicht hintenanstehen. Suchen Sie sich die Spiele aus, die zu ihnen passen!
- Rasante Läufe und große Sprünge sind in der Wohnung meist nicht möglich. Auf glatten Böden (beispielsweise Fliesen oder Parkett) verzichten Sie besser ganz darauf, damit sich Ihr Hund beim „Landeanflug" nicht verletzt. Gehen Sie in aller Ruhe und Gemütlichkeit an die Sache heran.
- Wie immer, wenn Sie mit Ihrem Hund trainieren, geizen Sie nicht mit Belohnungen. Belohnen Sie Ihren Hund schon für kleinste Anfangserfolge und nicht nur für das gewünschte Endprodukt. Feiern Sie jeden bewältigten Schritt.
- Denken Sie daran: Um den Hund in die gewünschte Position zu bringen, berühren Sie ihn nicht, sondern nutzen lieber die Leckerchenhand als „Magnet". Wenn Ihr Hund mit dem Clicker vertraut ist, können Sie ihn alle Übungen selbstständig in freien Formen erarbeiten lassen.
- Wenn Sie neue Gegenstände ins Spiel bringen, lassen Sie Ihren Hund erst einmal gründlich daran schnüffeln und sich damit vertraut machen.
- Achten Sie bei Ihren abenteuerlichen Fantasiehindernissen ganz besonders darauf, wie Ihr Hund sich fühlt! Zeigt er Anzeichen von Unbehagen? Dann machen Sie es ihm leichter, belohnen ihn häufiger oder wechseln sogar zu einer anderen Übung.

Fantasiehindernisse aller Art

Mit Sicherheit befindet sich in Ihrem Haushalt so mancher Gegenstand, der sich ganz hervorragend in Ihren Spielespaß einbauen lässt. Für Ihren persönlichen Wohnzimmer-Agility-Parcours brauchen Sie kaum Zubehör, das Sie nicht sowieso schon besitzen.

Der Vorhang

Spannen Sie zwischen zwei Stuhllehnen ein Seil, alternativ binden Sie einen Besenstiel an den Lehnen fest. Und schon steht das Grundgerüst für die unterschiedlichsten Mutproben. An Seil oder Stange können Sie zum Beispiel

Aus welchem Material Ihr „Vorhang" besteht, bleibt Ihnen überlassen. Foto: A. Lüke

- Tücher festknoten,
- Papierstreifen befestigen,
- aufgefädelte Bierdeckel oder Papprollen aufhängen.

Schaffen Sie es, Ihren Hund dazu zu bringen, durch diesen „Vorhang" hindurchzugehen?

So geht's besonders einfach:

- Ihren Hund sollte es zunächst kaum Überwindung kosten, den Vorhang beiseite zu schieben. Fangen Sie deshalb mit ganz wenigen und leichten Elementen an.
- Sie können Ihren Hund zunächst ein paar Leckerchen vom Boden rund um den Vorhang aufsuchen lassen oder ihn schon belohnen, wenn er den Vorhang nur leicht berührt.
- Wenn Sie bereits auf der anderen Seite auf Ihren Hund warten, ist es für ihn leichter, durch den Vorhang zu marschieren. Wenn Sie wendig und gelenkig sind, können Sie Ihrem Hund zu Beginn sogar vorauskrabbeln!

Eine ganz schöne Mutprobe für den kleinen Leeroy: Damit er es am Anfang leicht hat, helfen zwei Eimer dabei, die Klappe hochzuhalten. Später muss Leeroy schon etwas mehr schieben – bis er sich zum Schluss die Klappe ganz allein öffnet.

Die Hundeklappe

Kleben Sie ein Stück Packpapier in den Türrahmen und schneiden Sie eine Hundeklappe hinein. Motivieren Sie Ihren Hund, durch die Klappe hindurchzugehen.

- Am besten funktioniert es, wenn Sie Ihren Hund mit einem Leckerchen in der Hand bereits auf der anderen Seite erwarten.
- Helfen Sie Ihrem Hund durch ein leichtes Anheben der Klappe, wenn er sich zu Beginn nicht traut.
- Ist Ihr Hund sehr ängstlich, können Sie die Klappe auch in Streifen schneiden oder ihn zunächst nur durch eine Öffnung ohne Klappe gehen lassen.

Slalom- und Wendigkeitsspiele

Dass Stuhl- oder Tischbeine hervorragende Slalomelemente ergeben, können Sie sich denken. Aber es gibt noch viel mehr Dinge, um die Ihr Hund sich winden kann:

- Sie können Ihn zum Beispiel durch einen Plastikflaschenslalom lotsen.
- Auch Zimmerpflanzen auf Blumenrollern lassen sich hervorragend umrunden.
- Fortgeschrittene Wendigkeitsspezialisten halten in der einen Hand einen (geschlossenen) Regenschirm oder einen Besenstiel senkrecht zum Boden und bringen ihren Hund mithilfe der anderen Hand dazu, den Schirm oder Stab zu umrunden.

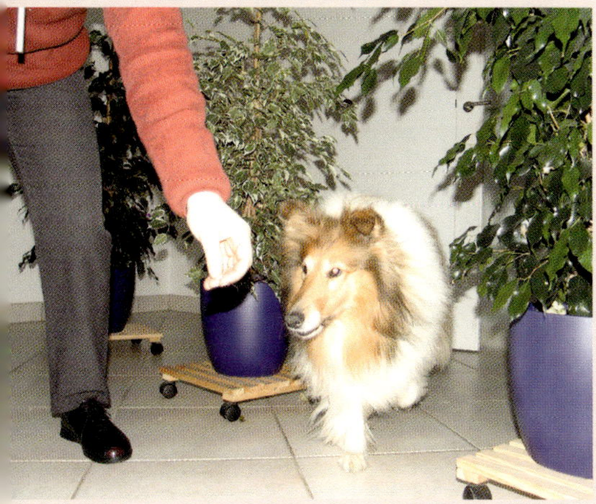

Zimmerpflanzen auf Blumenrollen lassen sich hervorragend umrunden. Foto: A. Lüke

Eine leichte Decke, etwas Klebeband und ein Türrahmen – fertig ist die Wohnzimmerhürde. Zito zeigt, wie es geht. Foto: A. Lüke

So funktioniert's besonders gut:

- Wenn Ihr Hund noch ungeübt ist, warten Sie nicht auf den perfekten Slalom, sondern belohnen Sie ihn schon, wenn er Ihrer Hand nur ein Stückchen folgt. Halten Sie die Anzahl der Slalomstangen zuerst klein.

Wohnzimmerhürden für Überflieger

Je nach Wohnungs- und Hundegröße sowie Bodenbelag lassen sich Sprünge bedingt ins Wohnzimmer-Agility einbauen. Niedrige wohnungsgerechte Sprungelemente können Sie aus verschiedenen Gegenständen basteln, wie etwa

- zusammengerollten Wolldecken,
- schmalen Regalbrettern,
- leeren Plastikblumenkästen oder
- festgehaltenen Besenstielen.

Und so lernt Ihr Hund das Springen:

- Machen Sie es ihm für den Anfang leicht: Gestalten Sie Ihre Hürde so, dass Ihr Hund nicht daran vorbei und am besten auch nicht darunter her laufen kann. Nutzen Sie Türrahmen oder Stühle als seitliche Begrenzungen.
- Ermuntern Sie Ihren Hund mithilfe von Leckerchen, über die Hürde zu springen. Sie können am Anfang mit ihm gemeinsam springen. Alternativ steigen Sie zunächst allein über die Hürde und locken Ihren Hund von der anderen Seite herüber.
- Wenn Ihr Hund das Spiel verstanden und an verschiedenen Hürdenelementen ausprobiert hat, können Sie auch ein Hörzeichen einführen (zum Beispiel das Wort „Hopp") und Ihren Hund damit über die Hürden schicken.

Tunnel und Röhren ohne Ende

Tunnel im Wohnzimmer-Agility erfreuen sich als Mutproben besonderer Beliebtheit. Sie können zum Beispiel

- einen offenen Tunnel aus mehreren hintereinander gestellten Stühlen bauen,
- eine Decke über einen (Couch-)Tisch legen,
- eine locker zusammengerollte Isomatte mit etwas Klebeband so fixieren, dass sie eine Röhre bildet,

- einen Kriechtunnel aus dem Kinderzimmer zweckentfremden,
- einen großen Karton zu einem Tunnel umgestalten.

Je kürzer und breiter der Tunnel, umso einfacher ist der Start für Ihren Hund! Wenn es möglich ist, klemmen Sie den Tunnel zunächst zwischen Stuhl- oder Tischbeinen oder im Türrahmen fest, damit er nicht ins Rollen gerät oder umkippt.

So machen Sie Ihrem Hund den Tunnel schmackhaft:

- Werfen Sie zu Beginn ein paar Leckerchen in den Tunnel, die Ihr Hund aufsammeln darf.
- Positionieren Sie sich am anderen Ende des Tunnels und reichen Sie Ihrem Hund von dort aus Belohnungen durch den Tunnel entgegen.
- Je vorsichtiger Ihr Hund ist, umso großzügiger belohnen Sie die allerkleinsten Schritte. Ihr Hund muss nicht gleich den ganzen Tunnel durchqueren. Freuen Sie sich mit ihm, wenn er sich traut, den Kopf kurz hineinzustecken.
- Bei dieser Übung ganz besonders wichtig: Schieben oder ziehen Sie Ihren Hund niemals in den Tunnel hinein!

Meggan bewältigt einen Isomattentunnel mit Bravour.

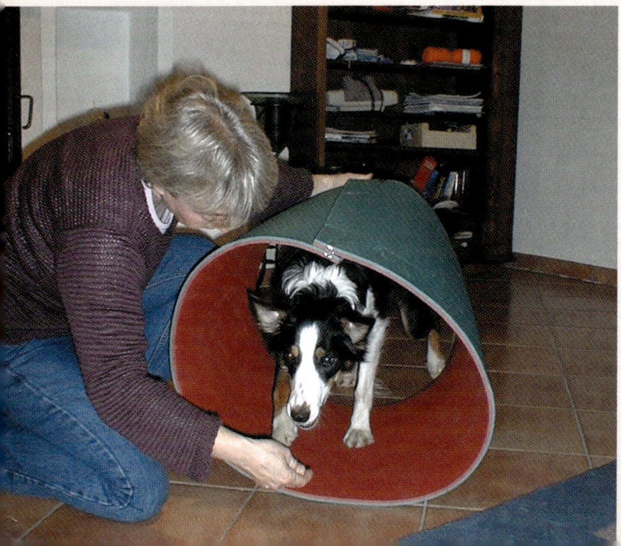

Abenteuer Sacktunnel

Die Tunnelvariante für Fortgeschrittene: Hier mündet die Tunnelröhre in eine Art Sack und Ihr Hund muss sich bis zum Ausgang des Tunnels durchschieben.

- Sie brauchen dafür einen Stuhl (alternativ einen Sofatisch) und eine Wolldecke.
- Die Wolldecke legen Sie so über den Stuhl, dass zwei gegenüberliegende Seiten verhängt sind – wie bei einem normalen Tunnel. Im Unterschied dazu soll am Röhrenende jedoch reichlich Überhang sein, sodass die Decke vor dem Stuhl als eine Art Sack auf dem Boden liegt.
- Ganz wichtig: Die Wolldecke muss so am Stuhl befestigt werden, dass sie nicht herunterrutschen kann, während Ihr Hund durch den Sacktunnel marschiert! Ein solches Missgeschick könnte Ihrem Hund den Tunnelspaß gründlich verderben.

Und so funktioniert's:

- Ihr Hund wartet vor dem Tunnel. Wenn er das Warten noch nicht gelernt hat, bitten Sie einen menschlichen Assistenten, bei ihm zu bleiben und ihn gegebenenfalls vorsichtig festzuhalten.
- Sie gehen an das andere Ende des Sacktunnels. Heben Sie das auf dem Boden liegende Ende hoch und stellen Sie Blickkontakt mit Ihrem wartenden Hund her. Rufen Sie ihn und belohnen Sie ihn, wenn er durch den (offenen) Tunnel zu Ihnen kommt.
- In den nächsten Übungsschritten senken Sie die Tunnelöffnung allmählich ab, sodass Ihr Hund langsam ein Gefühl dafür bekommt, sich den Ausgang freizuschieben. Ihre Stimme ist dabei das Ne-

Astas Couchtischtunnel verwandelt sich Schritt für Schritt zu einer Sacktunnelmutprobe.

belhorn, das Ihrem Hund den Weg weist.

- Übrigens: Sie halten den Schwierigkeitsgrad dieser Übung zunächst gering, wenn der Tunnelsack sehr kurz ist. Ihr Hund muss dann nur eine kurze Strecke blind laufen.

Reifen und andere Öffnungen

Für dieses Spiel brauchen Sie einen genügend großen Hula-Hoop-Reifen. Durch den soll Ihr Hund nun springen oder marschieren.

- Besonders gut funktioniert das am Anfang, wenn Sie die Hände frei haben. Bitten Sie einen netten menschlichen Assistenten, den Reifen festzuhalten. Alternativ klemmen Sie den Reifen rechts und links zwischen jeweils zwei Stühlen fest. Der Reifen hat in dieser Spielphase noch Bodenberührung.
- Locken Sie Ihren Hund durch den Reifen.
- Marschiert er fröhlich und sicher immer wieder hindurch, können Sie den Reifen selbst in die Hand nehmen. Befindet sich Ihr Hund dabei rechts vom Reifen, nehmen Sie den Reifen in die rechte und ein Leckerchen in die linke Hand und locken den Hund mit dem Leckerchen von rechts nach links durch den Reifen. Befindet sich Ihr Hund links vom Reifen, halten Sie den Reifen in der linken und das Leckerchen in der rechten Hand.
- Allmählich heben Sie den Reifen etwas höher, sodass Ihr Hund durch den Reifen springen oder wenn Ihr Hund größer ist – steigen muss. Denken Sie daran, dass in den meisten Wohnungen kein Platz für große Sprünge ist!

Haben Sie Lust auf Variationen?

- Kleben Sie ein Blatt Packpapier in den Türrahmen, schneiden Sie eine große kreisförmige Öffnung hinein und lassen Sie Ihren Hund da durchspringen.

Gemeinsam macht's noch mehr Spaß: Beim „Seilchenspringen" steigen Hund und Mensch zusammen durch einen großen Reifen.

- Wenn Ihr Hula-Reifen groß genug ist, können Sie mit Ihrem Hund „Seilchenspringen" machen und steigen zusammen mit ihm durch den Reifen.

Mutproben am Boden

Vielleicht haben Sie schon einmal beobachtet, dass Ihr Hund das Überqueren von Gitterrosten vermeidet oder ihm raschelnde Plastikplanen unangenehm sind. Warum also nicht eine kleine Mutprobe in vertrauter Umgebung wagen? In Ihren Parcours einbauen können Sie beispielsweise

- Plastiktüten und Abdeckplanen,
- Fußmatten mit unterschiedlicher Struktur,
- Zeitungspapier (auseinander gefaltet oder in einem flachen Karton zusammengeknüllt),
- Alufolie,
- Antirutscheinlagen für Badewanne und Dusche,
- eine Luftmatratze mit wenig Luft darin (vorausgesetzt, Ihr Hund hat nicht zu spitze Krallen),
- ein Regalbrett.

Lassen Sie Ihren Hund die ungewohnten Untergründe Schritt für Schritt selbst erkunden. Jede kleine bestandene Mutprobe – und sei es anfangs auch nur das Setzen einer Pfote auf die verschiedenen „Bodenbeläge" – ist eine Belohnung wert und gibt Ihrem Hund ein Stückchen Selbstvertrauen auch für den Alltag.

Sun marschiert über eine Plastikplane. Mit etwas Übung geht jeder Hund mit der Zeit immer selbstbewusster an die unterschiedlichsten Untergründe heran.

Koordinationsübungen mit der Leiter

Die meisten Hunde haben Schwierigkeiten, ihre Hinterbeine bewusst einzusetzen. In Ihrem Wohnzimmer-Agility können Sie Spaß und Koordinationstraining miteinander verbinden, und zwar mithilfe Ihrer Haushaltsleiter!

- Legen Sie die Leiter auf den Boden und lotsen Sie den Hund langsam darüber. Dabei ist es egal, ob er seine Füße zwischen die Sprossen oder darauf setzt.
- Wenn sich Ihr Hund mit dieser Aufgabe schwer tut, loben und belohnen Sie ihn zunächst für jeden Schritt.
- Sie können Ihrem Hund auch einfach ein paar Leckerchen zwischen die Sprossen werfen. Bei der Suche steigt er ganz selbstständig über die Leiter.
- Wer keine Leiter hat, kann die Koordinationsübungen auch mit leiter- oder fächerförmig am Boden liegenden Pflanzstäben machen oder mehrere Hula-Hoop-Reifen über- und nebeneinander auf den Boden legen.

Zito steigt über eine Haushaltsleiter und trainiert dabei gleichzeitig Koordination und Körperbewusstsein. Foto: A. Lüke

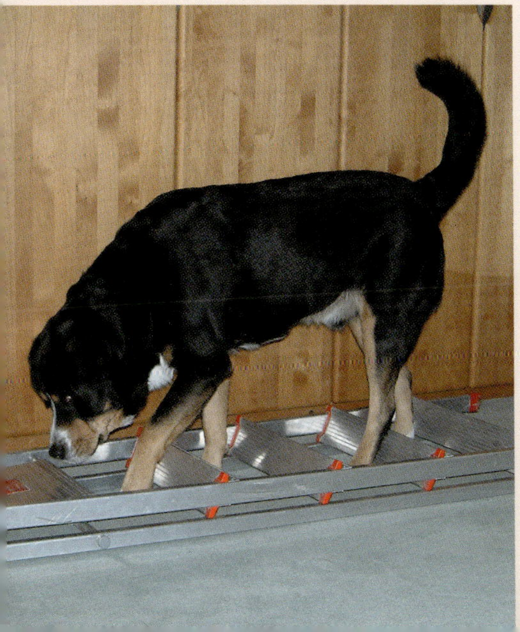

Balancespiel auf dem Wackelbrett

Mithilfe eines rutschfesten Brettes können Sie Balance und Körperbewusstsein Ihres Hundes fördern.

„Huch, was ist denn das?“ Leeroy ist das Wackelbrett zunächst etwas suspekt. Vorsichtig nähert er sich und wird von Ilona schon für den ersten Kontakt mit dem Brett belohnt. Dadurch angespornt, wird Leeroy mutiger. Er betritt das Brett, bewegt es mit den Vorderpfoten hin und her und steigt schließlich ganz hinauf. Jede Aktion ist ein Leckerchen wert!

- Wickeln Sie ein Regelbrett in eine Antirutschmatte für Teppichböden ein. Schieben Sie eine zusammengefaltete Wolldecke oder ein eingerolltes Badetuch unter das Brett, sodass es ein wenig wackelt.
- Bewegen Sie Ihren Hund dazu, die Pfoten auf das Brett zu setzen, darauf zu steigen, darüber zu gehen oder sogar ein wenig darauf zu verweilen.
- Ist Ihr Hund sehr groß und das Brett sehr klein, reicht das Aufsetzen der Vorderpfoten als Übungsziel völlig aus!
- Durch großzügige Belohnungen sorgen Sie dafür, dass erst gar kein Unbehagen aufkommt.
- Wie stark das Brett wackelt, hängt von der Dicke der Unterlage ab. Passen Sie den Schwierigkeitsgrad des Wackelbrettes den Fähigkeiten Ihres Hundes an.

Sun steigt mit den Vorderpfoten auf eine Kiste und wird dafür belohnt.

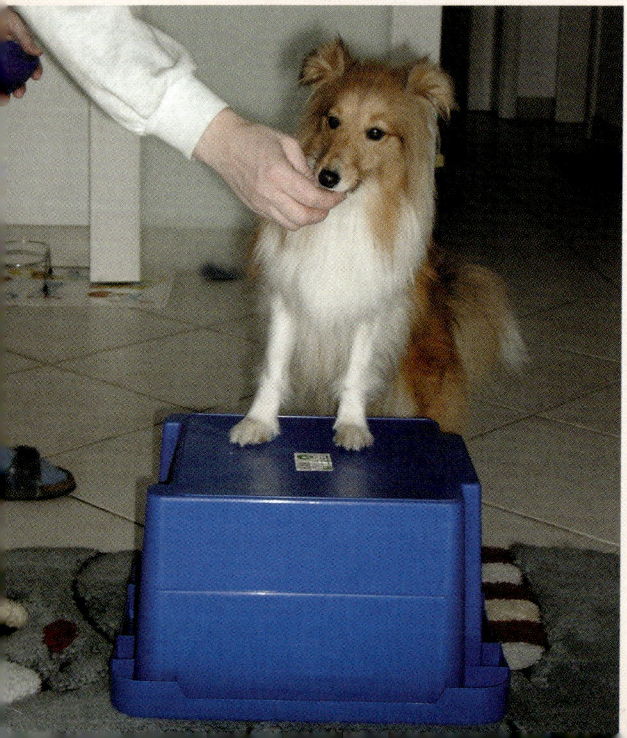

Zito ist ein routinierter Wohnzimmer-Agility-Experte. Unerschrocken marschiert er über seinen „Laufsteg". Achten Sie bei solchen Konstruktionen immer ganz besonders auf Rutschfestigkeit und Stabilität! Foto: A. Lüke

Klettertouren

Natürlich können in Ihrem Wohnzimmer oder in Ihrem Flur keine abenteuerlichen Konstruktionen entstehen. Trotzdem ist Platz für ein paar kleine Kletterübungen, welche die motorischen Fähigkeiten Ihres Hundes schulen.

- Sie können zum Beispiel eine Plastikbox mit der Öffnung nach unten auf den Boden stellen, mit einer Antirutschmatte abdecken und Ihren Hund hinaufklettern lassen. Sehr große Hunde steigen nur mit den Vorderpfoten auf die Kiste.
- Stellen Sie mehrere (rutschfeste) umgedrehte Kisten hintereinander und lassen Sie Ihren kleinen Hund von Kiste zu Kiste klettern.
- Wenn Sie für ausreichende Stabilität sorgen, können Sie aus Kisten und Regalbrettern einen kleinen Laufsteg basteln. Antirutschbeläge nicht vergessen!

Sind Sie richtig gut darin, Ihren Hund zu führen? In Labyrinthen aller Art können Sie es ausprobieren und üben.

Verrückte Labyrinthe

Sie müssten nun wirklich ein Meister darin sein, Ihren Hund ganz elegant in jede denkbare Situation zu lotsen, ohne ihn dabei zu berühren. Dann sind Sie auch reif für das Labyrinth.

- Aus Wollfäden, Pflanzstäben oder einigen Steckelementen aus dem Kinderzimmer legen Sie am Boden ein Labyrinth: ein paar schmale Gänge mit mehreren Windungen.
- Ihre Aufgabe ist es nun, Ihren Hund so durch das Labyrinth zu lotsen, dass er die Seitenbegrenzungen der Gänge nicht überschreitet.
- Als Spielvariante legen Sie mithilfe eines abgewickelten Wollknäuels einen verschlungenen Pfad, erst in einem einzigen Raum, dann durch die ganze Wohnung. Schaffen Sie es, Ihren Hund so zu führen, dass er dem Pfad genau am Faden entlang folgt?

Das 101-Dinge-Spiel

Sie haben nun eine ganze Reihe kleiner Herausforderungen für Ihren Hund kennen gelernt und dafür das unterschiedlichste Zubehör verwendet. Bestimmt ist Ihnen beim Spielen der Gedanke gekommen, wie viele Möglichkeiten in fast jedem alltäglichen Gegenstand schlummern.

Im 101-Dinge-Spiel werden Sie selbst zum Spieleentwickler. Lassen Sie Ihrer Kreativität freien Lauf und denken Sie sich neue Spiele aus. Das folgende Beispiel hilft Ihnen auf die Sprünge – und dann sind Sie gefragt!

101 Dinge mit dem Stuhl

Können Sie sich vorstellen, was Sie und Ihr Hund mit einem Stuhl alles anstellen können? Sie können

- Ihren Hund darunter her laufen oder kriechen lassen,
- ihn im Slalom um die Stuhlbeine lotsen,
- ihn dazu bringen, ein einzelnes Stuhlbein zu umkreisen,
- ihn den ganzen Stuhl umrunden lassen,
- ihn, wenn er klein und wendig ist, auf den Stuhl hüpfen lassen,
- ihn dazu bringen, nur seine Vorderpfoten auf den Stuhl zu legen,
- eine Decke nehmen und aus Ihrem Stuhl einen Tunnel bauen; für größere Hunde können Sie die Decke auch zwischen zwei (oder vier) Stühlen aufspannen,
- mit Ihrem Hund üben, sich genau unter den Stuhl zu legen oder zu setzen.

Sicherlich haben Sie genügend Fantasie, sich noch viel mehr Dinge mit dem Stuhl auszudenken!

Fast alle ganz alltäglichen Gegenstände können mit ein wenig Fantasie zu einem Abenteuer für Ihren Hund werden. Jasmin und Desmond zeigen, was man mit einem Stuhl alles machen kann. Foto: K. Schomburg

101-Dinge-Stuhl für Profis

Während Sie sich am Anfang neben dem Stuhl befinden und so Ihrem Hund ganz bequem den Weg in alle denkbaren Richtungen weisen können, sitzen Sie jetzt auf dem Stuhl! Versuchen Sie, Ihren Hund aus dieser Position heraus zu allen oben genannten Bewegungsabläufen zu bringen.

Noch mehr 101-Dinge-Abenteuer

Genau wie mit dem Stuhl können Sie aus allen möglichen Alltagsgegenständen ein 101-Dinge-Abenteuer für Ihren Hund zaubern. Werden Sie kreativ und überlegen Sie sich, was Sie zum Beispiel mit einer Wolldecke, einem Tisch, einem Regenschirm, einem Karton und vielem mehr alles anfangen können! Nehmen Sie sich einen Zettel und versuchen Sie, mindestens fünf Spielideen zu jedem Gegenstand zu erfinden.

Gymnastik

Einfacher geht's nicht: In diese Spiele müssen Sie noch nicht einmal Ihr Mobiliar mit einbeziehen. Ein wenig Körpereinsatz reicht aus bei der Spaß bringenden Gymnastik mit dem Hund.

In (fast) jedem Ding steckt ein Spiel: sogar in Aktenordnern … Foto: A. Lüke

Für den Einstieg leistet ein netter zweibeiniger Assistent wertvolle Hilfestellung. Während einer von Ihnen in Position geht, lotst der andere den Hund über und durch die ungewohnten „Hindernisse".

Im Sitzen

Setzen Sie sich auf den Boden und lassen Sie den Hund über Ihre ausgestreckten Beine klettern oder springen. Wenn Sie die Beine anwinkeln, kann Ihr Hund auch darunter her kriechen.

Flach auf dem Bauch … oder auf dem Rücken

Schaffen Sie es aus der Bauchlage heraus, Ihren Hund dazu zu bewegen, um Sie herumzulaufen oder über Sie hinwegzuklettern? Alternativ legen Sie sich auf den Rücken, strecken Ihre Beine hoch und lehnen sie gegen eine Wand oder auf einen Stuhl. Ihren Hund bringen Sie dann dazu, darunter her zulaufen.

Auf allen vieren

Begeben Sie sich auf alle viere und lassen Sie Ihren Hund unter Ihnen durchmarschieren. Wenn Sie einen kleinen Hund haben, schaffen Sie es vielleicht sogar, ihn dazu zu bringen, um einen Ihrer Arme zu kreisen.

Im Stehen

Stellen Sie sich mit leicht gegrätschten Beinen hin. Schaffen Sie es, dass Ihr Hund durch Ihre Beine marschiert, ein einzelnes Bein umkreist oder eine Acht um beide Beine läuft?

Armeinsatz

Dieses Spiel spielen Sie am besten mit einem menschlichen Assistenten. Sie formen aus Ihren Armen einen Reifen. Ihr Helfer bringt Ihren Hund dazu, hindurchzugehen oder – bei genügend Platz – hindurchzuspringen. Spielen Sie allein, gehen Sie eine Armlänge entfernt von einer Wand in die Hocke und strecken einen Arm gegen die Wand aus. Lassen Sie Ihren Hund entweder unter dem Arm durchgehen oder darüber springen. Den anderen Arm nutzen Sie dazu, Ihren Hund mit einem Leckerchen zu den gewünschten Bewegungen zu bringen.

Tipp

Manchen Hunden ist so viel Tuchfühlung zu ihren Menschen nicht geheuer. Achten Sie deshalb ganz besonders darauf, ob Ihr Hund an der Gymnastik tatsächlich Spaß hat!

Ab jetzt machen Sie Ihre Morgengymnastik gemeinsam. Tun Sie etwas für Ihre Fitness und werden Sie gleichzeitig immer besser darin, Ihren Hund in alle möglichen Positionen zu lotsen!

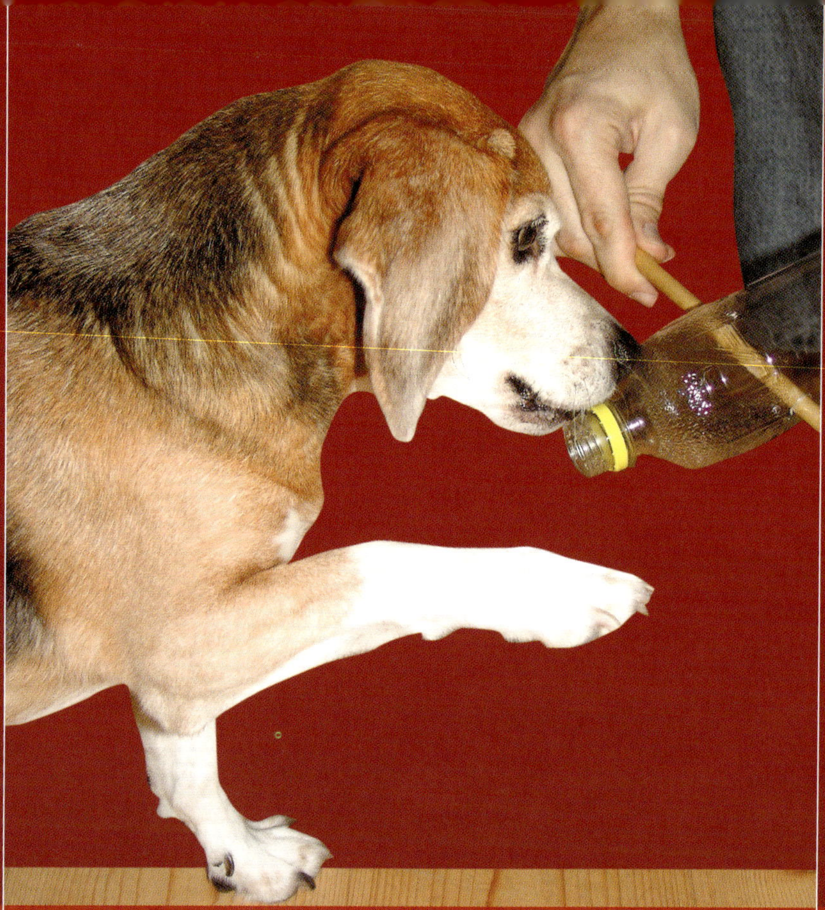

Denksport – Herausforderungen für helle Köpfe

Hier kommen die grauen Zellen in Schwung: Lassen auch Sie Ihren Hund zu einem pfiffigen Problemlöser werden. Wer ans Leckerchen kommen will, muss mitdenken, Schnauze oder Pfote einsetzen, ziehen oder schieben.

Gehirnjogging kann den Hund nicht nur müder machen als so mancher langer Spaziergang – das erfolgreiche Lösen von Denksportaufgaben fördert auch Selbstbewusstsein und Alltagstauglichkeit unserer Vierbeiner: Wer spielerisch übt, Probleme durch eigenständiges Denken zu bewältigen, behält auch eher einen kühlen Kopf, wenn es mal wirklich drauf ankommt, und lässt sich nicht so schnell von seinen Gefühlen überwältigen.

Bei vielen der Spiele werden Sie erleben, wie Lernen stattfindet! Beobachten Sie, wie Ihr Hund gezielte

Strategien entwickelt, um an sein Ziel zu kommen, und wie er immer routinierter darin wird, Denksportaufgaben zu lösen – ohne dass Sie ihm etwas beibringen müssen.

Tipps für Denksportaufgaben

- Denksportaufgaben sind mit Ausnahme von robusten Futterbällen oder harmlosen Kartons nichts, um den Hund damit sich selbst zu überlassen. Bleiben Sie stets in der Nähe und behalten Sie Ihren Vierbeiner im Auge.
- Achten Sie ganz besonders darauf, dass die Gegenstände, die Sie verwenden, keine scharfen Kanten oder Materialien enthalten, an denen sich Ihr Hund auf seiner Suche nach der richtigen Strategie verletzen kann.
- Das meiste Zubehör für die Denksportaufgaben finden Sie in Ihrem Haushalt. Wenn Sie noch nicht wissen, wie Ihr Hund mit den Gegenständen umgeht und er noch ungeübt im Gehirnjogging ist, verwenden Sie anfangs nur Dinge, auf die Sie notfalls verzichten können. Das ist besser, als zu schimpfen, wenn Ihr Hund zunächst zu grobmotorisch ans Werk geht und vielleicht etwas kaputtmacht.
- Egal was Sie spielen, Ihr Hund soll von Anfang an erfolgreich sein – und nicht erst nach langem, frustrierendem Ausprobieren. Machen Sie es ihm deshalb zu Beginn ganz einfach. Helfen Sie ihm, wenn er mit einer Aufgabe nicht klarkommt. Hat Ihr Hund das Prinzip verstanden, erhöhen Sie den Schwierigkeitsgrad Stück für Stück.

Aufgaben für Verpackungskünstler

Vorbei ist die Zeit, in der Kartons und Verpackungen aller Art ungenutzt ins Altpapier wanderten, denn viele davon sind die perfekten Denksportherausforderungen.

Faszination Karton

Haben Sie schon jemals einen Gedanken daran verschwendet, wie viele unterschiedliche Typen von Kartons es gibt? Es gibt Schuhkartons mit abnehmbarem und mit aufklappbarem Deckel, es gibt Faltkartons, es gibt Postpäckchen in allen Größen, kleine Aufbewahrungsboxen für Teebeutel, große Umzugskartons, aufklappbare Pizzakartons und so weiter. Jede Art von Karton kann zu einer Herausforderung für Ihren Hund werden! Legen Sie ein oder mehrere Leckerchen hinein, schließen Sie den Karton und schauen Sie, welche Strategie Ihr Hund entwickelt, um daranzukommen.

Tipp

Schließen Sie den Karton am Anfang nicht ganz: So ist es am einfachsten für Ihren Hund, den Mechanismus zum Öffnen herauszufinden.

Kartonsammelsurium

Ihr Hund hat schon etwas Kartonerfahrung und Sie haben nach einem ausgedehnten Einkaufsbummel jede Menge leerer Verpackungen? Dann überraschen Sie Ihren Hund doch mit einem ganzen Kartonsammelsurium. Für fast jeden dieser Kartons wird er eine andere Strategie entwickeln müssen, um an die heiß begehrten Leckerlis im Inneren zu kommen. Gut möglich, dass Ihr Hund am Anfang noch recht bra-

Meggan sieht dabei zu, wie Marianne etwas Futter in einen Schuhkarton packt und ihn verschließt. Sie setzt Pfote und Schnauze ein, um den Karton zu öffnen – und es gelingt!

chial zu Werke geht. Sie schimpfen dann nicht etwa, sondern freuen sich, dass Sie die Kartons für das Altpapier nicht selbst zerkleinern müssen. Schon bald wird Ihr Hund herausfinden, wie er auf elegante und effektive Art blitzschnell an die Leckerbissen gelangt.

> Tipp
>
> Achten Sie ganz besonders bei langen und schmalen Kartons (etwa bei Verpackungen von Müsli oder Cornflakes) darauf, dass Ihr Hund nicht mit dem Kopf darin stecken bleibt und Angst bekommt.

Box in Box

Die Variante für fortgeschrittene Kartonöffner: Sie packen ein extrem gut duftendes Leckerchen in einen kleinen Karton, schließen ihn und stellen ihn in einen größeren Karton. Diesen größeren Karton schließen Sie ebenfalls und stellen ihn wiederum in einen noch größeren Karton und so weiter. Ihr Hund muss sich

Für jeden Karton eine andere Strategie: Lara arbeitet sich durch die verschiedensten Verpackungen – in jeder liegt für sie ein Leckerchen.

Ein Karton im Karton – hier gibt es richtig was zu tun.

nun durch mehrere Verpackungen mit den unterschiedlichsten Öffnungsmechanismen arbeiten, um ans Ziel zu kommen. Wenn Ihr Hund noch nicht zu den fortgeschrittenen Kartonöffnern gehört, packen Sie zunächst in jede Schicht ein Leckerchen – das hält Ihren vierbeinigen Spielpartner bei der Stange.

Verpackungen der besonderen Art

Wenn Sie von jetzt an mit offenen Augen durch die Geschäfte gehen, werden Sie sehen, dass es Verpackungen gibt, die echte Leckerchenautomaten sind – ohne dass Sie dafür basteln müssen. Einige davon enthalten kleine Schubladen zum Herausziehen oder Fächer zum Aufklappen und Sie können sie hervorragend in Ihr Gehirnjogging einbauen.

> Egal welche Verpackungen Sie verwenden, gehen Sie vor Beginn des Spiels auf Nummer Sicher und vergewissern Sie sich, dass keine Rückstände des ursprünglichen Inhalts mehr darin sind, die Ihrem Hund schaden könnten!

Hier wird eine Verpackung von Spülmaschinen-Tabs (gründlich gereinigt) zum Hundespielautomat. Verstauen Sie zunächst ein Leckerchen im weit geöffneten Fach und lassen Sie Ihren Hund daraus fressen. Schritt für Schritt schließen Sie das Fach ein kleines Stückchen mehr und Ihr Hund wird mit Schnauze oder Pfote versuchen, an die begehrten Leckerbissen zu kommen.

Meggan führt vor, wie das Endprodukt aussehen kann. Sie stellt sich geschickt an und öffnet auch kleinste, fest verschlossene Dosen.

Tupper-Party für Vierbeiner

Wenn Ihr Hund schon ein wenig Übung darin hat, Verpackungen zu öffnen, wird er es sicher auch schaffen, mit spitzen Lippen den Deckel einer Frischhaltebox zu entfernen, wenn sich darin ein Leckerchen befindet:

- Legen Sie zunächst den Deckel nur lose auf die Dose. Ihr Hund braucht ihn dann lediglich zur Seite zu schieben, um an den Inhalt zu gelangen.
- Hat Ihr Hund das Prinzip (Deckel beiseite, um an das Leckerchen zu kommen) verstanden, schließen Sie den Deckel, lassen Ihrem Hund an einer Seite jedoch einen Spalt offen. So hat er die Möglichkeit, mit Schnauze oder Pfote den Deckel aufzuhebeln.
- Klappt auch dies, schließen Sie den Deckel ganz. Machen Sie es Ihrem Hund leicht und halten Sie die Dose gut in Ihren Händen fest.

Anstelle des Leckerchens können Sie auch das Lieblingsspielzeug Ihres Hundes in der Verpackung verstecken.

Und sonst?

Sicherlich werden Sie plötzlich ganz viele Behältnisse entdecken, die Ihr Hund öffnen kann, um darin nach Leckerchen oder Spielzeugen zu suchen: kleine Eimer oder Tonnen, diverse Aufbewahrungsboxen und Kisten. Lassen Sie Ihren Hund daran knobeln – und sichern Sie in Ihrem Haushalt ab sofort Mülleimer und Frischhalteboxen, an die Ihr Hund nicht herankommen soll, besonders gut ab!

Welcher Weg führt zum Spielzeug? Zito hat es herausgefunden und eine Decke beiseite geschoben, um an den begehrten Inhalt der Kiste zu gelangen. Foto: A. Lüke

Maike stellt sich geschickt an: Sie hebelt nach kurzem Ausprobieren die Schüssel mit der Schnauze hoch und dreht sie um – und gelangt so an das darunter liegende Leckerchen.

Einfach umwerfend

Öffnen Sie Ihre Küchenschränke und schauen Sie in Ihrer Vorratskammer nach. Dort verbirgt sich jede Menge Zubehör für Ihr gemeinsames Spiel.

Leckerchen unter Schüsseln

Setzen Sie eine ganz normale Haushaltsschüssel umgekehrt auf den Boden. Verstauen Sie vor den Augen Ihres Hundes einen Leckerbissen darunter und schauen Sie, was Ihr Vierbeiner nun macht: Schiebt er die Schüssel geschickt in eine Ecke und hebelt sie dort mit seiner Nase hoch? Tritt er mit seinen Pfoten auf den Rand und gelangt so mit der Nase darunter? Probieren Sie dieses Spiel auf verschiedenen Untergründen aus: auf glatten Fußböden, auf dem Teppich oder auf dem Rasen.

Herausforderung Blumentopf

Stellen Sie einen großen Plastikblumentopf mit der Öffnung nach unten auf den Boden. Ihr Hund sieht dabei zu, wie Sie ein paar Leckerbissen darunter verstecken, am besten, indem Sie sie von oben durch die Abflusslöcher in den Topf fallen lassen. Ihrem Hund

Felix bekommt genau mit, wie die Leckerchen von oben in den Blumentopf gefüllt werden. Wie aber nun ans Futter kommen? Der pfiffige Terrier findet die Lösung schnell. Für Tierheiminsassen wie ihn sind kleine Denksportaufgaben eine willkommene Bereicherung des Hundealltags.

werden die verführerischen Düfte sofort in die Nase steigen – aber er kommt nicht auf direktem Wege daran! Wie lange dauert es, bis er darauf kommt, den Blumentopf umzuwerfen, um an sein Futter zu gelangen?

Leckerchen unter dem Rollbrett

Legen Sie ein paar Leckerchen unter ein Blumenrollbrett (natürlich ohne darauf stehende Blume!). Was tut Ihr Hund? Mit Sicherheit bewegt er zunächst rein zufällig beim Schnüffeln nach dem Leckerbissen das Rollbrett ein Stück zur Seite – und wird bald merken, was genau zu tun ist, um erfolgreich zu sein.

Der immer währende Appetit macht Beagles zu motivierten Denksportlern: Fredo arbeitet erfolgreich am Rollbrett. Fotos: K. Schomburg

Tipp

Wenn Ihr Rollbrett keine geschlossene Oberfläche, sondern die Struktur eines Lattenrostes hat, achten Sie darauf, dass sich Ihr Hund nicht die Pfoten einklemmt!

Glücksspiel unter Bechern

Nehmen Sie ein paar robuste Jogurt- oder Plastikbecher, drehen Sie sie um und legen Sie jeweils ein Leckerchen darunter. Ihr Hund hat nun die Aufgabe, die Becher umzuwerfen oder hochzunehmen, um an die Leckerchen zu gelangen. Haben Sie das Spiel ein paar Mal gespielt, lassen Sie unter einzelnen Bechern das Futter weg. Ihr Hund muss nun mehrere Becher umwerfen, bis er ein Leckerchen ergattert.

Wo ist das Leckerchen? Hier hilft nur umdrehen und nachschauen. Foto: A. Lüke

Nemo findet schnell heraus, was hier zu tun ist: Mit den Pfoten wirft er die Chipsdosen um und stöbert am Boden nach den herausfallenden Leckerchen.

Leckerchenkegeln

Stellen sie einige stabile, leere Chipsdosen oder ähnliche Keksverpackungen ohne Deckel auf den Boden. Füllen Sie jeweils ein paar gut rollende Leckerchen in die Dosen. Jetzt ist Ihr Hund am Zuge: Wenn er nicht gerade zu den Langnasen gehört, hat er keine Chance, auf direktem Wege an die Leckerchen zu gelangen. Sie kullern nur heraus, wenn die Dosen umfallen. Wie lange dauert es, bis aus dem zufälligen Umstoßen der Dosen eine gezielte, im wahrsten Sinne des Wortes umwerfende Taktik Ihres Hundes wird, um dieses Problem zu lösen?

> Tipp
> Haben Sie einen geräuschempfindlichen Hund? Damit er sich nicht vor den umfallenden Dosen erschrickt, spielen Sie das Leckerchenkegeln mit ihm zunächst auf dem Teppich oder auf einer Decke.

Um die Ecke gedacht

Da qualmt der Kopf: Nun muss Ihr Hund ein wenig knobeln, um an sein Leckerchen zu gelangen.

Geschickte Pfoten

In Ihrer Wohnung gibt es ein Regal, einen Schrank oder ein Sofa, dessen Füße gerade so hoch sind, dass ein schmaler Spalt zum Boden bleibt? Unter diesen Spalt passen Körper und Kopf Ihres Hundes nicht, wohl aber seine Pfoten? Dann freuen Sie sich über eine weitere Herausforderung für das Gehirnjogging. Legen Sie vor den Augen Ihres Hundes ein Leckerchen unter das Regal und schauen Sie, was Ihr Hund macht: Schnell wird er sehen, dass er mit der Schnauze nichts ausrichten kann. Ob er auf die Idee kommt, mit den Pfoten danach zu angeln?

Das Leckerchen verbirgt sich unter dem Schrank. Keine Chance, um mit der Schnauze dorthin zu gelangen. Der kleine Beagle probiert's mit den Pfoten – und hat Erfolg! Fotos: J. Hannemann

> Tipp
> Achten Sie immer darauf, dass nichts umfallen und Ihren Hund erschrecken oder sogar verletzen kann, wenn er gerade in Aktion ist. Zählt kein geeignetes Möbelstück zu Ihrem Hausstand, nehmen Sie einfach ein (Regal-)Brett. Legen Sie es auf den Boden und schieben rechts und links jeweils ein oder zwei Bücher darunter, sodass ein entsprechender Spalt entsteht.

Die Hundeangel

Dies ist ein echtes Experiment für Problemlöser.

- An einem begehrten Leckerbissen, zum Beispiel einem Trockenfutterring oder einem Kauknochen, befestigen Sie ein Stück Kordel oder Seil.
- Dann schieben Sie den Leckerbissen unter ein Möbelstück, dessen Spalt zum Boden so schmal ist, dass der Hundekopf nicht darunter passt.
- Deutlich sichtbar ragt das Ende der Schnur daraus hervor. Was wird Ihr Hund tun? Zieht er mit der Schnauze daran oder angelt er mit den Pfoten nach der Schnur und holt sich so sein Leckerchen?
- Machen Sie es Ihrem Hund für den Anfang leicht und positionieren Sie das Leckerchen so, dass Ihr Hund es zwar nicht direkt erreichen kann, aber nur ein ganz klein wenig an der Schnur ziehen muss, um es hervorzuholen.

Seien Sie nicht enttäuscht, wenn Ihr kleines Experiment im ersten Anlauf nicht gleich gelingt. Lassen Sie Ihren Hund zunächst über ein paar einfacheren Denksportaufgaben brüten und kommen Sie später noch einmal auf diese Herausforderung zurück

> **Tipp**
>
> Natürlich darf es nie passieren, dass Ihr Hund die Schnur am hervorgezogenen Leckerchen im Eifer des Gefechts gleich mitfrisst. Verwenden Sie im Zweifelsfall eine ausreichend dicke Kordel oder füllen Sie die Leckerchen in ein Behältnis (beispielsweise eine kleine Frischhaltedose) und befestigen Sie die Schnur daran.

Nicht verzagen, wenn Ihr Vierbeiner nicht so blitzschnell auf die Lösung kommt wie Desmond: Als geübter Gehirnjogger lässt er sich schnell etwas einfallen und zieht im Nu das Leckerchen an der Schnur unter dem Schrank hervor. Fotos: K. Schomburg

Die Futterbox

Hund und Mensch sitzen vor einem großen Karton, der mit der Öffnung nach unten aufgestellt wurde. Auch an der Rückseite ist der Karton geöffnet (Öffnung hineinschneiden oder Kartonwand umklappen). Alle anderen Seiten sind geschlossen. Hund und Mensch befinden sich an der Vorderseite. Heben Sie den Karton kurz an und legen vor den Augen Ihres Hundes ein attraktives Leckerchen darunter. Halten Sie den Karton nun leicht fest, sodass Ihr Hund ihn nicht hochheben oder umwerfen kann. Wie lange dauert es, bis sich der Hund, anstatt am geschlossenen Ende des Kartontunnels zu scharren, für den (Um-)Weg zur Öffnung auf der Rückseite entscheidet?

Denksport mit Karton: Nur wer nachdenkt, kommt zum Leckerchen.

So nah und doch so unerreichbar: Wer das Leckerchen haben will, muss im wahrsten Sinne des Wortes um die Ecke denken.

Das Kasperletheater

Für diese Denksportvariante brauchen Sie ebenfalls einen großen Karton. Ihr Hund sollte möglichst nicht darüber hinwegschauen können.

- Den Karton stellen Sie diesmal mit der Öffnung nach hinten auf.
- In den jetzt nach vorne gerichteten Boden schneiden Sie einen Sehschlitz, der so schmal ist, dass kein Hundekopf hindurchpasst.

- Sie können das Spiel in zwei Varianten spielen: Entweder Sie sind hinter dem Karton und Ihr Hund wartet davor oder Sie befinden sich beide an der Vorderseite.
- Für Ihren Hund durch den Schlitz deutlich sichtbar, legen Sie ein Leckerchen in den Karton.
- Halten Sie nun den Karton gut fest, sodass er nicht umgeworfen werden kann, und lassen Sie Ihrem Hund freien Lauf.

Was wird Ihr Hund tun? Durch den Schlitz gelangen kann er nicht. Wie lange braucht er, bis er darauf kommt, dass der Weg zum Leckerchen um den Karton herum führt? Sollte Ihr Hund doch einmal im wahrsten Sinne des Wortes mit dem Kopf durch die (Karton-)Wand gehen, nehmen Sie es mit Humor – es ist der direkte Weg zum Ziel!

Intelligente Automaten

Mit ganz geringem Aufwand können Sie für Ihren Hund Spaß bringende Spielautomaten basteln, die seine grauen Zellen auf Trab halten. Wer handwerkliches Geschick besitzt, kann mehr aus diesen Spielideen machen und sich an den Profivarianten austoben. Der Kreativität sind keine Grenzen gesetzt.

Flaschendrehen

Das Flaschendrehen steht bei den meisten Vierbeinern besonders hoch im Kurs. Sie benötigen dafür

- eine stabile Plastikflasche
- und einen Stab (beispielsweise einen Bambuspflanzstab).

Und so funktioniert's:

- In die Seiten der Plastikflasche, etwa auf mitt-

Dieses Denksportgerät wird bei Ihrem Hund besonders gut ankommen: Sie brauchen dafür nicht mehr als eine Plastikflasche, einen Stab und ein paar Leckerchen.

Leeroy in Aktion: Der kleine Papillon weiß genau, wie er ans Leckerchen kommen kann.

Flaschendrehen professionell: Mit etwas handwerklicher Begabung und viel Fantasie lassen sich aus der einfachen Grundidee pfiffige Spielautomaten entwickeln. Ronnie stellt zwei Varianten vor. Fotos: S. Putz

lerer Höhe, bohren Sie (am besten vorsichtig mit der Bohrmaschine) zwei gegenüberliegende Löcher und schieben den Stab hindurch.

- Sie füllen ein Leckerchen in die Flasche, halten beide Enden der Stange mit den Händen fest und lassen nun Ihren Hund daran. Einige Hunde sind so kreativ, dass sie direkt versuchen werden, die Flasche irgendwie zu bewegen. Andere könnten angesichts dieser Aufgabe erst einmal ratlos sein.
- Wie immer machen Sie es Ihrem Hund leicht und sorgen für schnelle Erfolge: Sie können zum Beispiel die Flasche schon so andrehen, dass selbst ein kurzes Schnüffeln und eine kleine Berührung mit der Hundenase ausreichen, die Flasche zum Kippen zu bringen. Verwenden Sie nur solche Leckerchen, die in der Flasche gut rollen und sofort herausfallen, wenn die Flasche gedreht wird.

Wenn Sie Spaß an diesem kleinen Spiel haben, könnten Ihnen die folgenden Varianten gefallen:

- Den Schwierigkeitsgrad Ihres Leckerchenautomaten können Sie durch die Position der Löcher an der Flasche beliebig gestalten. Je weiter oben die Löcher sind, desto schwieriger wird es, die Flasche zum Kippen zu bringen.
- Wenn Sie mehrere Löcherpaare übereinander bohren, können Sie an einer Flasche verschiedene Schwierigkeitsgrade einstellen.
- Variieren Sie die Flaschengröße und schauen Sie, wie Ihr Hund damit klarkommt.
- Mit etwas mehr Aufwand und handwerklichem Geschick können Sie einen ganzen Flaschenautomaten entstehen lassen: An einem standfesten Gestell werden gleich mehrere Flaschen nebeneinander befestigt, an denen sich Ihr Vierbeiner austoben kann.

Die Schublade

So bereiten Sie diese Denksportherausforderung vor:

- Besorgen Sie sich eine leere Kekspackung, deren Innenteil wie eine Schublade aus der Umverpackung herausgezogen wird.
- Am Ende dieser Schublade befestigen Sie eine Lasche. Dies kann ein Stück Klebeband sein (die Klebeseiten aufeinander, damit nicht später die Hundenase daran hängen bleibt), oder Sie durchbohren die Schublade und befestigen eine Kordel daran.

Aufgabe Ihres Hundes ist es nun, die Schublade an der Lasche aus der Umverpackung herauszuziehen, um an ein paar innen liegende Leckerchen zu gelangen.

- Hocken Sie sich vor Ihren Hund und legen Sie vor seinen Augen ein Leckerchen ganz vorne in die Kekspackung.
- Wer einen im Clickertraining erfahrenen Hund hat, wird keine Probleme damit haben, die Schublade direkt zu schließen und dem Vierbeiner Schritt für Schritt zu „verclickern", die Lasche in die Schnauze zu nehmen und daran zu ziehen.
- Alle anderen schieben die Schublade zunächst nicht ganz zu, sondern lassen einen Spalt offen. Die Nase des Hundes soll gerade noch hineinpassen.
- Halten Sie Ihrem Hund die Kekspackung etwa auf Schnauzenhöhe hin.
- Jetzt ist Ihr Hund dran. Mit Sicherheit wird er intensiv nach den Leckerchen schnüffeln und die Schublade durch das Hineinstecken seiner Nase öffnen.
- Wenn Ihr Hund das Prinzip („Schublade muss geöffnet werden, um an die Leckerchen zu gelangen") verstanden hat, verkleinern Sie Schritt für Schritt den Spalt. Wenn die Nase nicht mehr in den Spalt passt, wird Ihr Hund vermutlich seine Zähne einsetzen, um die Schublade herauszuziehen.
- Jetzt sind Sie schon fast am Ziel. Je kleiner der Spalt wird, desto wahrscheinlicher wird Ihr Hund entdecken, dass die Lasche einen guten Ansatzpunkt für die Hundezähne bildet. Spätestens dann, wenn Sie die Schublade komplett

Mit wenigen Versuchen hat Maike herausgefunden, wie sich die Schublade öffnen lässt. Hier zeigt sie das perfekte Endprodukt.

schließen, wird er vermutlich probieren, an der Lasche zu ziehen.

- Zupft Ihr Hund zunächst ganz zaghaft und eher zufällig an der Lasche, helfen Sie nach und belohnen ihn sofort für diesen Schritt in die richtige Richtung: Drücken Sie einfach schnell von hinten gegen die Schublade und schieben Sie sie für Ihren Hund auf.
- Hat Ihr Hund Routine im Schubladenöffnen, können Sie den Schwierigkeitsgrad erhöhen: Legen Sie die Leckerchen ganz hinten in die Schublade, sodass Ihr Hund sie komplett herausziehen muss, um an sein Ziel zu gelangen.

Das Fallrohr

Für die Königsdisziplin der Denksportaufgaben brauchen Sie zu Beginn nicht mehr als eine Pappröhre von Toiletten- oder Küchenpapier und zusätzlich etwas stabile Pappe.

Aus wenig Zubehör entsteht ein kniffliges Denksportgerät: das Fallrohr!

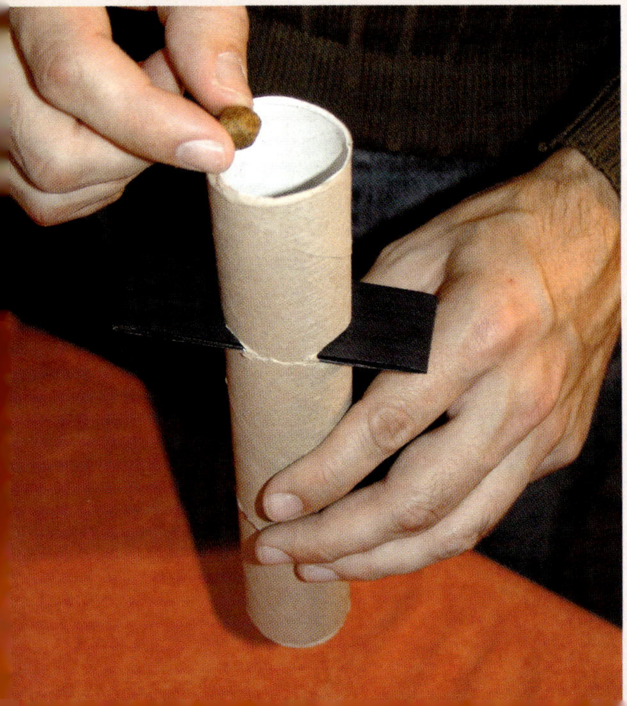

- Mit Teppichmesser oder Schere schneiden Sie zwei gegenüberliegende horizontale Schlitze in die aufrechte Röhre.
- Schneiden Sie einen Pappstreifen so zurecht, dass Sie ihn durch die Schlitze quer durch die Röhre schieben können und er an beiden Seiten noch genügend Überstand hat.
- Ihre Konstruktion ist für den Anfang dann genau richtig, wenn sich die Pappe fast ohne Widerstand durch die Schlitze schieben oder ziehen lässt. Verbreitern Sie im Zweifelsfall die Schlitze.

Wenn Sie nun ein Leckerchen in die senkrecht gehaltene Röhre werfen, bleibt es auf dem Pappstreifen liegen. Die Aufgabe für Ihren Hund: Er soll den Pappstreifen so weit herausziehen, dass das Leckerchen unten aus der Röhre fällt – seine Belohnung für die getane Arbeit.

> **Tipp**
>
> Für diese Spielidee ist es hilfreich, wenn Ihr Hund schon die Denksportaufgabe „Schublade" bewältigt hat. So wird er eher probieren, das Ziehen an der Lasche als Taktik einzusetzen.

Wie bekommen Sie Ihren Hund dazu, am Streifen zu ziehen?

- Wenn Sie den Streifen zunächst in Richtung Ihres Hundes so weit wie möglich herausziehen (sodass das Leckerchen gerade noch liegen bleibt), fällt das Futter bei der geringsten Berührung. Schon ein erstes neugieriges Schnuppern Ihres Hundes an Streifen und Spalt führt damit zum Erfolg.

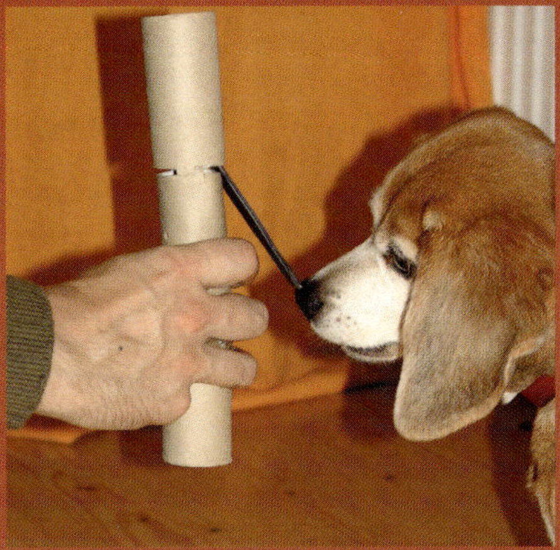

Je mehr Übung Ihr Hund schon mit Denksportgeräten hat, umso besser wird er mit dem Fallrohr klarkommen. Damit das Leckerchen zu Boden fällt, muss er eine Lasche aus der Röhre ziehen.

- Sie können dem Erfolg zusätzlich auf die Sprünge helfen: Kippen Sie die Röhre ganz leicht, wenn Ihr Hund am Pappstreifen schnuppert. So fällt das Leckerchen garantiert herunter. Je schmaler Sie am Anfang den Pappstreifen schneiden, desto besser funktioniert dies.
- Liebt Ihr Hund Zerrspiele, können Sie ihn auch spielerisch dazu ermuntern, den verlockend überstehenden Pappstreifen in die Schnauze zu nehmen und daran zu ziehen.
- Im Zweifelsfall überzeugt ein Hauch von Erdnussbutter, Honig oder Leberwurst auf dem Ende des Pappstreifens Ihren Hund, sich für den Streifen zu interessieren.
- Nach und nach schieben Sie den Streifen immer weiter in die Röhre, sodass Ihr Hund allmählich fester und länger ziehen muss, bis die Leckerchen fallen.
- Spielen Sie anfangs auf Holz- oder Steinfußboden und mit großen auffälligen Leckerchen: So bekommt Ihr Hund es sofort mit, wenn das Futter aus der Röhre fällt.

Auch wenn die meisten Hunde schnell einen Zusammenhang zwischen der Berührung des Pappstreifens und dem Herunterfallen des Leckerchens herstellen, erwarten Sie keine Blitzerfolge! Statt enttäuscht zu sein, dass nicht alles sofort klappt, freuen Sie sich lieber darüber, dass Sie endlich eine harte Nuss gefunden haben, an der Ihre persönliche Intelligenzbestie ein paar Tage zu knacken hat. Feiern Sie kleinste Erfolge und halten Sie die Gehirnjoggingeinheiten kurz!

Wenn Sie und Ihr Hund so richtig auf den Geschmack gekommen sind, können Sie das Ganze noch weiter treiben. Probieren Sie zum Beispiel das Modell „Doppeldecker" aus.

- Schneiden Sie hierzu zwei weitere gegenüberliegende Schlitze in die Röhre und schieben Sie einen Pappstreifen hindurch. Legen Sie auf den obersten Streifen ein Leckerchen.
- Zieht Ihr Hund an der Lasche, purzelt das Leckerchen eine Etage tiefer. Ihr Hund muss also noch einmal ziehen, bis sein Futter aus der Röhre fällt.
- Damit Ihr Hund nicht frustriert aufgibt, wenn nach dem ersten Ziehen kein Leckerchen für

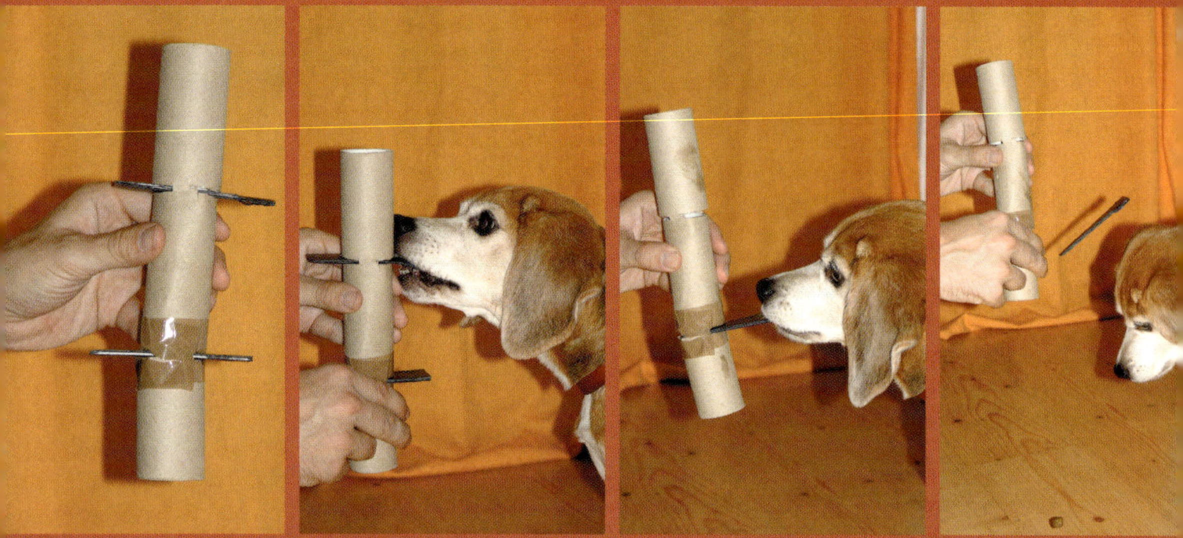

Damit das Leckerchen fällt, muss Asta diesmal zwei Laschen aus der Röhre ziehen.

Schon stabiler: Fallrohrvariante aus einer Chipsdose

ihn abfällt, loben Sie ihn verbal oder auch mit einem kleinen Leckerbissen aus Ihrer Hand und ermutigen Sie ihn, weiterzumachen und sich an der zweiten Lasche zu versuchen. Ganz bestimmt wird er das Prinzip bald herausfinden.

Natürlich sind Ihre Konstruktionen aus Toiletten- oder Küchenpapierrollen nichts für die Ewigkeit. Sie sind naturgemäß instabil und gehen leicht kaputt. Schimpfen Sie deshalb nicht mit Ihrem Hund, wenn das eine oder andere Fallrohr seinem Übereifer zum Opfer fällt.

Spätestens dann, wenn Sie und Ihr Hund sich an mehreren übereinander liegenden Querlaschen versuchen, wird Ihnen die Konstruktion aus Küchen- oder Toilettenpapierrollen zu wackelig. Chipsdosen, Planrollen oder andere stabile Pappröhren leisten hier wertvolle Dienste und lassen sich fast ohne handwerkliches Geschick bearbeiten.

Vom Papprohr zum Spielgerät: Aus dem Fallrohr lässt sich mehr machen – Ronnie freut sich darüber! Foto: S. Putz

Der Gipfel der Kreativität: Hovawart Dex stellt eine Wurstmaschine vor, die keine Wünsche offen lässt. Foto: R. Eysel

Sie und Ihr Hund haben Spaß an den Röhrenkonstruktionen gefunden, Sie besitzen handwerkliches Geschick und einen gut ausgerüsteten Hobbykeller? Dann könnten Ihnen die Profivarianten dieser Denksportaufgabe gefallen: Aus Kunststoffrohren, Plexiglasröhren und Holz lassen sich die abenteuerlichsten Apparaturen für Ihren Leckerchenspaß basteln.

In die Röhre gucken

Baumärkte sind ein Eldorado für Hundespielefans: Abwasserrohre lassen sich beispielsweise zu abenteuerlichen und für die Hunde geheimnisvollen Kombinationen zusammenstecken. Wie groß und verwin-

„Na so was?" Große Verwunderung bei Meggan. Das Leckerchen ist verschwunden! Meggan guckt im wahrsten Sinne des Wortes in die Röhre. Erst nach eingehender Untersuchung der Einwurföffnung geht sie endlich um das Rohr herum – und findet die herausgefallenen Leckerchen! Nach ein paar Durchgängen ist für Meggan alles klar: Sie bleibt direkt am Rohrende stehen, um die Leckerchen abzufangen.

kelt die Figurenkomposition ist und ob man Leckerchen oder Ball darin verschwinden und unter den erstaunten Blicken des Hundes an anderer Stelle wieder erscheinen lässt, bleibt der Kreativität der zwei- und vierbeinigen Mitspieler überlassen.

Tipp

Über Rohrkonstruktionen aller Art freuen sich auch die jüngsten zweibeinigen Familienmitglieder! Wenn Ihr Hund nicht gerade nach verschwindenden Leckerchen oder Bällen forscht, können sie die Röhren zu Sand- oder Wasserpipelines im Garten umfunktionieren.

Faye zeigt, was mit einer Rohrkonstruktion noch alles möglich ist. Sie selbst wirft einen Ball hinein und wartet gespannt darauf, dass er am anderen Ende wieder herauskommt.

Leckerchenbälle und andere Futterspender

Leckerchenbälle, Futterwürfel und Co. gehören zu den besten Beschäftigungsmöglichkeiten für das knappe Zeitbudget und sind für Ihren Hund echte Dauerbrenner. Das Prinzip ist immer das gleiche: Sie füllen eine Ladung Trockenfutter hinein. Aufgabe Ihres Hundes ist es, den Futterspender so zu bewegen, dass Leckerchen herausfallen.

Das ist übrigens nicht die einzige Herausforderung, die Ihr Hund dabei bewältigt. Gerade wenn er auf gemustertem Boden oder im Garten aktiv ist, wird seine Nase beim Schieben auf Hochtouren arbeiten: Schließlich will er es nicht verpassen, wenn ein Leckerchen herausfällt. Viele Hunde entwickeln außerdem nach kurzer Zeit raffinierte Taktiken, Futterbälle und -würfel so zu steuern, dass sie nicht in den Zimmerecken oder unter den Möbeln landen.

Tipp
Sie füttern üblicherweise Trockenfutter? Ihr Hund wird begeistert sein, wenn Sie seine Mahlzeit statt aus dem Napf zukünftig im Futterball oder -würfel servieren. Hunde, die mit Dosenfutter, Selbstgekochtem oder roh gefüttert werden, freuen sich über selbst gebackene Leckerchen in ihren Futterautomaten.

Futterbälle und -würfel sind auch eine schöne Beschäftigungsmöglichkeit, wenn Ihr Hund mal allein bleiben muss. Testen Sie jedoch vorher mehrfach während Ihrer Anwesenheit, wie Ihr Hund mit den Futterspendern umgeht, und verwenden Sie fürs Alleinbleiben nur die besonders robusten und stabilen Varianten.

Tiffi knobelt an einem Leckerchenball.

Weite Öffnungen und eine vergleichsweise große Leckerchenmenge erleichtern Ihrem Hund den Start. Wenn schon beim ersten Schnüffeln das Futter herausfällt, wird Ihr Hund alles probieren, um mehr davon zu bekommen.

Die Futterflasche

Füllen Sie etwas Futter in eine leere Plastikflasche ohne Deckel und legen Sie sie auf den Boden. Ihr hungriger Hund wird nun die Flasche schieben, rol-

Ein preiswertes Vergnügen: Beppo hat Spaß mit einer Futterflasche.

Eine stabile Pappröhre mit ein paar Löchern darin wird zu einem spannenden Futterautomaten.

len und vielleicht sogar in die Höhe werfen, um an die Leckerchen zu gelangen. Je nach Flaschengröße und Futtermenge können Sie den Schwierigkeitsgrad Ihres Futterspenders beliebig variieren. Sorgen Sie am Anfang (mit kleiner Flasche und großer Futtermenge darin) für schnelle Erfolge. Vorsicht: Dieser Leckerchenautomat ist nicht bissfest. Ihr Hund sollte damit nicht unbeaufsichtigt bleiben.

Volles Rohr!

Stabile Röhren aus Pappe oder Kunststoff sind wie gemacht für Leckerchenspiele aller Art. Bohren Sie zum Beispiel in die Seiten einer verschließbaren Papp-

Wie geht es zum Leckerchen? Tiffi versucht es herauszufinden.

röhre mehrere Löcher. Füllen Sie Futter in die Röhre, schließen Sie die Deckel und legen Sie sie auf den Boden. Ihr Hund muss die Rolle nun mit Schnauze oder Pfote bewegen, damit die Leckerchen durch die Löcher herausfallen.

Stabile Röhren ohne Deckel können Sie mit ein paar Leckerchen befüllen, ohne die Seiten vorher zu durchbohren. Ihr Hund muss versuchen, durch das Bewegen der Röhre an die darin liegenden Leckerchen zu gelangen.

Leckerchenbälle klassisch

Futterbälle in vielen Variationen gehören mittlerweile zum Standardprogramm aller Zoofachgeschäfte. Der passende Ball für Ihren Hund ist so groß, dass er ihn nicht in die Schnauze nehmen und verschlucken kann. Haben Sie einen sehr kleinen Hund, sollte der Ball nicht zu wuchtig und schwer sein. Die meisten Modelle besitzen eine verstellbare Öffnung, die an Leckerchengröße und gewünschten Schwierigkeitsgrad angepasst werden kann.

> **Tipp**
> Vor allen Dingen wenn Sie geräuschempfindliche Nachbarn haben oder Ihre Wohnung besonders klein ist, denken Sie daran: Je weicher der Ball ist, umso weniger Lärm wird er beim Stoßen gegen Möbel und Wände verursachen.

Der Würfel

Kaum vorstellbar, dass Ihrem Hund der Futterball jemals langweilig wird. Trotzdem wird er die Abwechslung lieben – und Sie wahrscheinlich auch. Futterwürfel sind ein besonderer Spaß auf Rasenflä-

Lara erspielt sich ihr Futter am Leckerchenball. Dank verstellbarer Öffnungen lässt sich der Schwierigkeitsgrad variieren.

Kimba steht vor einem Rätsel: „Was ist das für ein komisches Teil?“

„Mal von der Seite rangehen. Hmmmh, riecht gut, aber kommt nichts raus. Ich schieb mal ein bisschen …“

„Da war doch was – ein Leckerchen? Ah, hier liegt es ja!“

Beppo beschäftigt sich ausgiebig mit dem Futterstehaufmännchen.

chen oder in großen, mit Teppich ausgelegten Räumen. Dort sind sie am besten zu bewegen und machen am wenigsten Geräusche. Es ist für Ihren Hund gar nicht so einfach, gleichzeitig mit Schwung zu „würfeln“ und kein herausfallendes Leckerchen zu verpassen!

Das Futterstehaufmännchen

Leckerchenspender, die sich wie ein Stehaufmännchen immer wieder aufrichten, sind bei den Vierbeinern besonders beliebt wegen ihrer unvorhersehbaren Bewegungen. Hat Ihr Hund die richtige Strategie erst einmal herausgefunden, ist das Futterstehaufmännchen auch auf engstem Raum gut einsetzbar.

Asta zieht Klötzchen aus einem Holzbrett, um an die darunter liegenden Leckerchen zu gelangen.

Käuflicher Spielespaß für Gehirnakrobaten

Wer im Zoofachhandel nach Spielzeugen für seinen Vierbeiner suchte, stieß vor gar nicht langer Zeit fast ausschließlich auf eine riesige Kollektion von Bällen oder Quietschtieren. Langsam, aber sicher ändert sich das. Weil Denksport „in“ ist und den Hunden gut tut, erobern raffinierte Spiele den Markt. Die Hunde werden bei diesen Spielen vor vielfältige Herausforderungen gestellt. Wer an das heiß begehrte Leckerchen gelangen will, muss zum Beispiel:

- in einem Steckspiel Holzklötzchen anheben, um an darunter Verborgenes Futter zu gelangen,
- mit der Pfote Schieber hin und her bewegen, um darunter liegende Fächer zu öffnen,
- eine Drehscheibe in Bewegung setzen oder
- durch das Verschieben einer Holzspule das Futter aus einem Labyrinth herausbefördern.

Die Spiele sind in ihrem Anschaffungspreis nicht gerade billig, aber überwiegend echte Highlights für alle zwei- und vierbeinigen Spielefans.

Lana muss die Leckerchen mit verschiebbaren Spulen aus dem Labyrinth befördern.

Hier sind Leckerchen drin! Coda verschiebt die Klappen mit den Pfoten.

Foto: N. Szabautzki

Kauen macht glücklich!

Kauen als Spielidee für Hunde? Was zunächst etwas merkwürdig klingen mag, ist in Wahrheit eine tolle Beschäftigungsmöglichkeit, die dem Hund großen Spaß macht, denkbar einfach umzusetzen ist und viele positive Nebeneffekte besitzt:

Kauen gehört zu den natürlichen Bedürfnissen des Hundes. Es hält seine Kiefer und Zähne in Form und ist für ihn mindestens so genussvoll wie für uns ein spannender Film oder ein gutes Buch. Ein Hund, der ausreichend zu kauen hat, ist zufriedener und ausgeglichener – und wird wahrscheinlich weniger seine Zähne an unseren Möbeln, Schuhen oder Teppichen wetzen. Kauen ist darüber hinaus eine ideale Beschäftigungsmöglichkeit, wenn Sie mal nicht so viel

Wie im Schlaraffenland: Asta präsentiert eine Auswahl an Zubehör für die unterschiedlichsten Kauspiele.

Zeit für gemeinsame Aktivitäten mit Ihrem Hund haben. Während Sie mit anderen Dingen beschäftigt sind, hat auch Ihr Hund etwas zu tun. Kauartikel verkürzen das Warten, wenn Ihr Hund zeitweise allein bleiben muss, und sind damit nützliche Hilfsmittel zur Vorbeugung von Trennungsangst. Nehmen Sie auch etwas zum Kauen mit, wenn Ihr Hund Sie an einen anderen Ort begleiten und sich dort ruhig verhalten soll.

Tipps für den Kauspaß

- Natürlich darf Ihr Hund Kauartikel nur in gesundem Maße bekommen. Grundsätzlich können Sie auch einen Teil der normalen Tagesration für Kauspiele verwenden.
- Finden Sie heraus, welche Kauartikel Ihr Hund am liebsten mag, was er am besten verträgt und welche ihn am längsten beschäftigen.
- Wer nicht möchte, dass der Hund seine aromatischen Kauobjekte auf dem guten Wohnzimmerteppich verzehrt, weicht in einen anderen Raum aus oder verlegt das Kauvergnügen in den Garten (Vorsicht, im Spätsommer trüben gierige Wespen den Knabberspaß!). Auch ein großes waschbares Badetuch auf dem Lieblingskauplatz des Hundes schont den teuren Perserteppich.
- Sicherheit geht vor: Lassen Sie Ihren Hund zunächst nicht mit Kauspielzeugen und Snackpacks allein. Schauen Sie erst, wie er damit umgeht. Wenn er dazu neigt, befüllbare Kauspielzeuge zu zerstören oder die Verpackung der Snackpakete aufzufressen, dann sollte er diesen Kauspaß ausschließlich in Ihrer Gegenwart genießen. Fürs Alleinbleiben gibt es dann nur die sicheren Varianten.
- Sorgen Sie dafür, dass Ihr Hund ungestört in aller Ruhe kauen kann. Wenn Sie das Wegnehmen oder Eintauschen von Dingen noch nicht geübt haben, geben Sie Ihrem Hund für den Anfang nur solche Kauartikel, die er mit einem Mal verzehren kann und die Sie ihm nicht wieder wegnehmen müssen.
- Wenn bei Ihnen im Haushalt mehrere Hunde gleichzeitig kauen wollen, dann überlegen Sie, ob sie nicht entspannter in verschiedenen Räumen knabbern.

So harmonisch wie bei Ronja und Tibor geht es nicht immer zu. Sorgen Sie im Zweifelsfall lieber vorübergehend für räumliche Trennung beim Kauen.

Kauartikel – einfach so!

Einfacher geht's nicht: Ochsenziemer, Büffelhautknochen, Schweineohr und Co. sind die Klassiker für den Kauspaß. Sie können sie Ihrem Hund einfach so überreichen – und er ist eine ganze Zeit lang beschäftigt. Probieren Sie unterschiedliche Kauartikel aus, ehe Sie sich mit größeren Mengen bevorraten: Nicht jeder Hund mag (und verträgt) alles. Testen Sie auch, wie lange Ihr Hund mit den jeweiligen Kauartikeln beschäftigt ist. Übrigens: An echten Knochen zum Kauen scheiden sich die Geister. Fragen Sie im Zweifelsfall Ihren Tierarzt!

Gerade junge Hunde haben ein großes Kaubedürfnis. Wenn sie sich wie Fredo an erlaubten Kauartikeln austoben dürfen, ist die Chance groß, dass sie Teppiche oder Schuhe verschonen. Foto: J. Hannemann

Naturkautschukspielzeug mal ganz anders

In der hündischen Beliebtheitsskala ganz oben stehen unverwüstliche Naturkautschukspielzeuge. Es gibt sie in vielen Formen und Ausführungen, beispielsweise kegelförmig oder als Rollen und Bälle. Sie sind innen hohl und lassen sich in beliebigen Schwierigkeitsgraden mit Leckerchen jeglicher Art voll stopfen. Welche Leckerbissen Ihr Hund auch immer bekommen soll: Was er sonst in Sekundenschnelle „inhaliert", wird so zu einem mehrminütigen Kauvergnügen.

Für das Füllen der Naturkautschukspielzeuge gibt es unendlich viele Rezeptvariationen. Lassen Sie Ihrer Fantasie freien Lauf: Ob Sie Trockenfutter, Dosenfutter, Obst (keine Weintrauben oder Rosinen!), Gemüse, Jogurt, Käse, Hundekekse oder Kaustangen in beliebigen Kombinationen in die Spielzeuge stopfen, bleibt Ihnen überlassen. Profis füllen die Kegel oder Bälle in mehreren Schichten, sodass die Hunde richtig was zu tun haben.

Einige Kauspielzeuge haben nach außen hin Rillen, die zum Beispiel mit Hundezahnpasta, Quark oder Schmierkäse befüllt werden können. Auch lufttrockener Scheibenkäse und weiche flache Kaustreifen lassen sich gut in die Rillen stopfen (einfach reindrücken

Was für uns der Krimiabend oder das gute Buch, ist für Hunde der Kauspaß: Ronja nagt an einem gefüllten Kong.

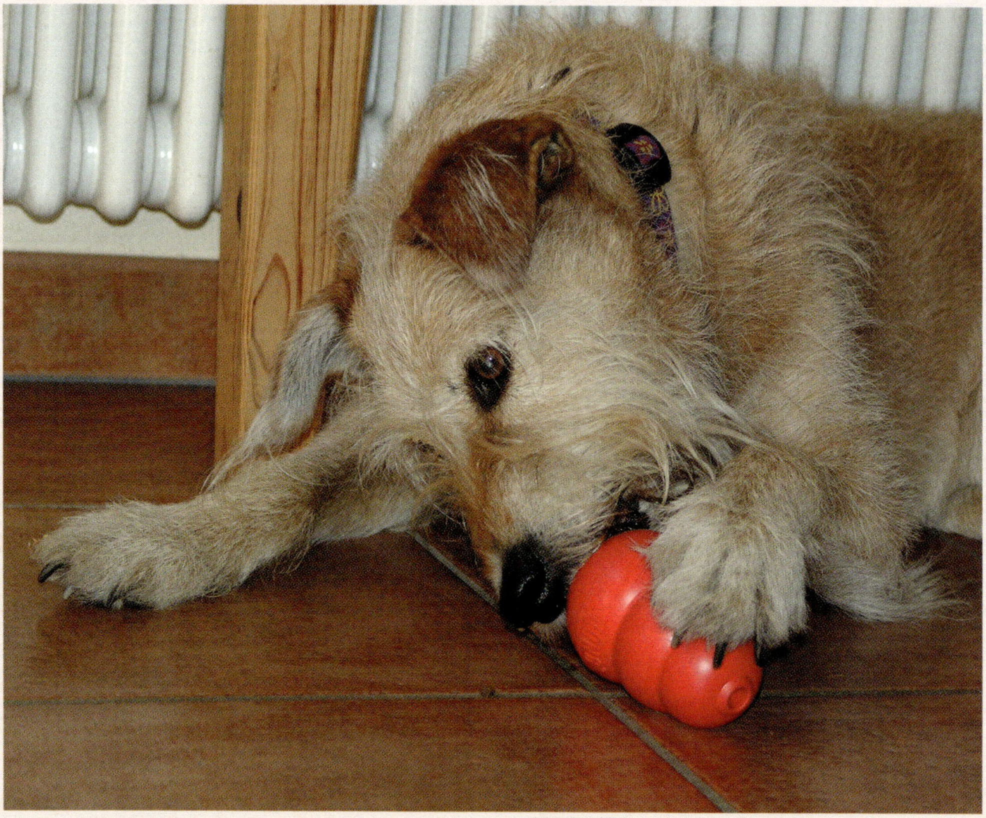

Carlos macht sich mit spitzen Welpenzähnchen über einen gefüllten Kauball her. Gerade während des Zahnwechsels möchten junge Hunde ganz besonders viel kauen.
Foto: N. Szabautzki

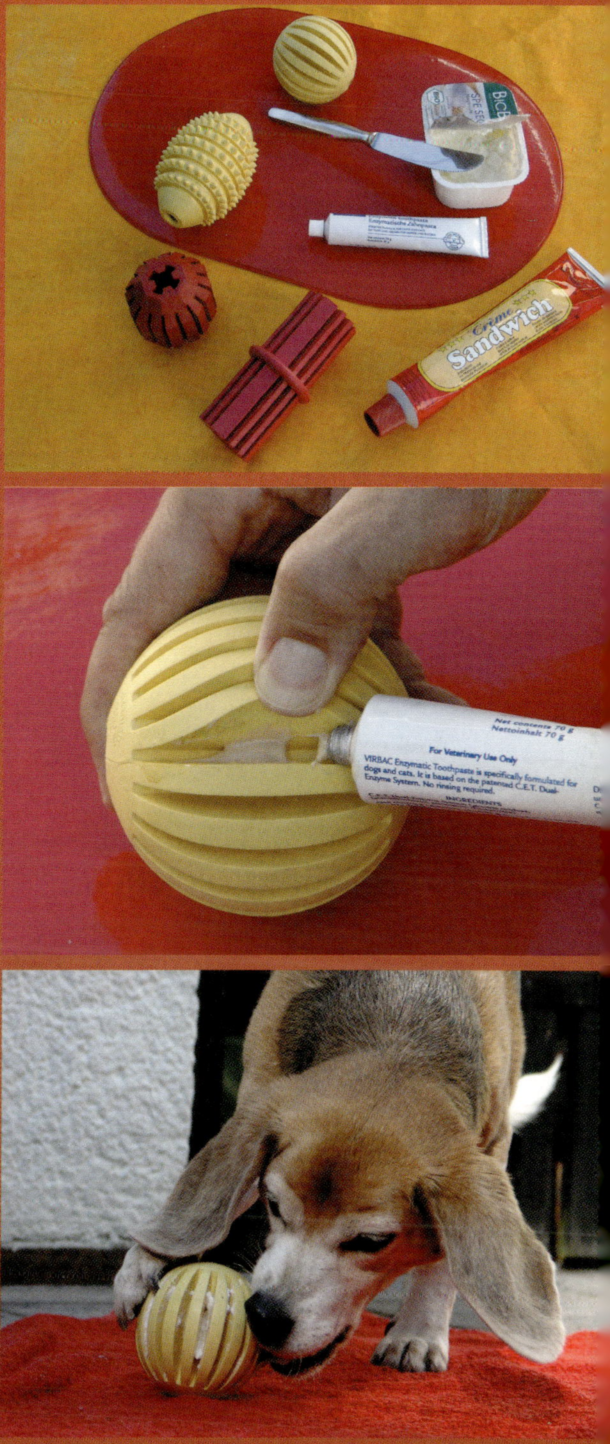

Dentalspielzeuge haben nach außen hin Rillen, die sich mit Essbarem oder Hundezahnpasta füllen lassen. Ein untergelegtes Handtuch oder die Verlagerung des Kauspaßes nach draußen schont den guten Perserteppich.

und Überstehendes abbrechen). Angeblich sind diese Spielzeuge besonders gut für die Zahnreinigung. Auf alle Fälle wird Ihr Hund jede Menge Spaß daran haben und lange damit beschäftigt sein, das Futter aus den Rillen zu klauben. Allerdings hinterlässt die essbare Füllung der Außenrillen immer ein paar Spuren auf dem Boden. Abhilfe schafft hier das untergelegte Handtuch oder Sie geben Ihrem Hund diese Art von Spielzeug ausschließlich draußen im Garten (denken Sie an die Wespen!). Beachten Sie, dass die Dentalspielzeuge mit ihren teils dünnen Rillen und Lamellen häufig nicht ganz so robust sind wie die massiven befüllbaren Kauspielzeuge.

Ein gutes Kauspielzeug hält selbst den wüstesten Attacken stand. Hier bearbeitet Coda einen mit Futter gefüllten Kong.

Tipps

- Achten Sie bei den Spielzeugen auf die Qualität. Der höhere Preis einiger Naturkautschukspielzeuge macht sich bezahlt. Die originalen Kongs beispielsweise können Sie sogar mit Inhalt zu Hundeeis einfrieren, in der Mikrowelle erhitzen und über backen (Achtung, unbedingt gut auskühlen lassen!) und in der Spülmaschine reinigen.
- Wählen Sie ein ausreichend großes Kauspielzeug, sodass Ihr Hund es nicht aus Versehen verschlucken kann.
- Beaufsichtigen Sie ihren Vierbeiner zunächst beim Kauen, ehe Sie ihn mit dem Spielzeug allein lassen.

Rezeptidee „Astas Schlaraffentraum"

- *Naturkautschukspielzeug von innen mit Brotaufstrich (beispielsweise Kräuterquark, Erdnussbutter, Schmierkäse, Pastete, Leberwurst) ausstreichen.*
- *Innenwände mit etwas Scheibenkäse auskleiden.*
- *Anschließend Kauspielzeug nach Belieben mit Trocken- oder Feuchtfutter, Obst, Gemüse, gekochten Kartoffeln, Nudeln, Reis oder Hundekeksen auffüllen.*
- *Öffnungen mit Trockenfutter oder Hundekeks verschließen.*

Rezeptidee „Codas Kauvergnügen“

Langer Kauspaß für besonders eifrige Nager! Um an den ineinander verbackenen Inhalt zu gelangen, muss das Spielzeug intensiv vom Hund bearbeitet werden. Deshalb unbedingt auf Robustheit und Qualität der Spielzeuge achten!

- *Trockenfutter oder Hundekekse mit Käsestückchen mischen und Naturkautschukspielzeug damit füllen.*
- *Spielzeug in eine Tasse stellen und kurz in der Mikrowelle erhitzen, bis der Käse geschmolzen ist.*
- *Ausreichend lange auskühlen lassen und dem Hund erst geben, wenn der Inhalt vollständig erkaltet ist!*

Wenn Sie künftig Ihre Klopapierrollen nicht mehr ins Altpapier geben, freut sich Ihr Hund. Mit einfachsten Mitteln lassen sich daraus kleine Lunchpakete basteln.

Snackpacks und Lunchpakete

Lassen Sie Ihren Hund ruhig ein wenig nagen und reißen, um an sein Futter zu kommen. So wird das Ganze noch spannender. Kauartikel, einen Teil der normalen Tagesration Trockenfutter oder auch die bereits gefüllten Kauspielzeuge können Sie ganz einfach einpacken.

Verwenden Sie dafür Zeitungspapier, Papprollen, Papiertüten, Packpapier oder Kartons. Auch in ein Stück Baumwollstoff, beispielsweise von alten Jeans oder T-Shirts, können Sie die Kauartikel einwickeln oder -knoten. Die Schwierigkeitsgrade sind beliebig ausbaubar. Grundsätzlich verwenden Sie natürlich nur Verpackungsmaterial, das Ihrem Hund nicht gefährlich werden kann.

Das perfekte Geschenk für Ihren Hund: Wie viel Aufwand Sie mit dem Snackpaket betreiben und was Sie alles (Essbares!) hineinfüllen, bleibt Ihnen überlassen.

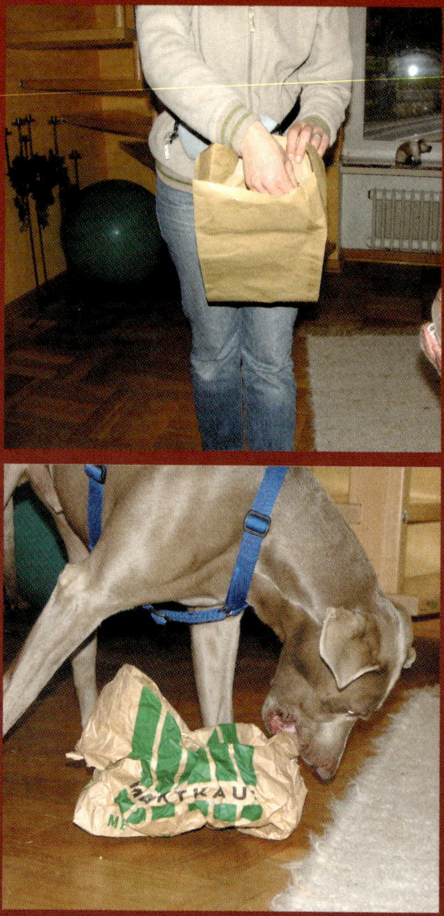

Beppo lernt: Das Zerreißen von Papiertüten lohnt sich nur, wenn sie von Frauchen überreicht werden – nur dann ist etwas Essbares darin!

Haben Sie Bedenken, dass Ihr Hund künftig in jedem Karton oder Kleidungsstück ein Snackpaket vermutet und zu einem Schredder auf vier Beinen wird? Natürlich ist es gut möglich, dass Ihr Hund die ganz alltäglichen Dinge in Ihrem Haushalt generell interessierter beäugt, wenn Sie sie häufiger in die verschiedensten Spiele einbeziehen. Er wird aber schnell lernen, dass das Vergnügen immer mit Ihnen im Zusammenhang steht, wenn Sie gemeinsam mit ihm

Kimba tobt sich draußen nach Herzenslust an einem riesigen Lunchpaket aus.

spielen oder wenn Sie ihm einen Kauartikel überreichen. Und warum sollte Ihr Vierbeiner noch einen Socken zerreißen oder eine Zeitung zerfetzen, wenn Sie sein – ohnehin vorhandenes – Kaubedürfnis vorher schon mit erlaubten Kauartikeln in die richtigen Bahnen gelenkt haben?

Wundern Sie sich nicht, dass beim Auspacken ganz schön die Fetzen fliegen können. Wenn Sie nicht möchten, dass Ihr Hund in Ihrer Wohnung Konfetti produziert, verlagern Sie den Auspackspaß einfach nach draußen.

Spaß mit „Sitz“ – „Platz“ – „Komm“

Fast jeder Familienhund kennt „Sitz“, „Platz“ und „Komm“. Für viele Menschen und Hunde sind die Übungen zur Alltagstauglichkeit jedoch eher eine lästige Pflicht und werden von beiden Seiten mit wenig Begeisterung ausgeführt. Das muss aber nicht so sein! Aus einem notwendigen Übel können im Nu vergnügliche Spiele werden, die die Langeweile vertreiben und bei denen die ganze Familie mitmachen kann. Ganz nebenbei profitieren Sie und Ihr Vierbeiner auch noch davon: Hunde, die gelernt haben, wie viel Freude es macht, mit ihren Menschen zusammenzuarbeiten, gehorchen im Ernstfall zuverlässiger!

Zum Aufwärmen – der Stimmungsmacher

Gute Stimmung ist die ideale Grundlage für perfektes Teamwork. Außerdem muss die Aufmerksamkeit Ihres Hundes bei Ihnen sein. Nur dann ist er aufnahmebereit für Neues. Ihre Aufgabe in diesem kleinen Spiel ist es, dafür zu sorgen, dass Ihr Hund entspannt und guter Laune ist und sich ganz auf Sie konzentriert. Schaffen Sie es, seinen Schwanz zum Wedeln zu bringen? Schaut er Sie aufmerksam an? Erlaubt ist alles, was Spaß macht. Probieren Sie es aus: Sprechen Sie nett mit Ihrem Hund, motivieren Sie ihn mit Leckerchen oder winken Sie dezent mit dem Lieblingsspielzeug. Schauen Sie, was die besten Erfolge bringt. Diesen kleinen Aufwärmer können Sie übrigens vor allen Spielen einbauen, die Sie mit Ihrem Hund spielen.

Herbeikommen macht Spaß!

Das zuverlässige Herbeikommen ist so ziemlich das Wichtigste im Hundeleben. Und mal ehrlich: Ist es nicht wunderbar, wenn Ihr Vierbeiner mit wehenden Ohren und leuchtenden Augen freudig herbeigestürmt kommt, sobald Sie ihn rufen? Machen Sie sich gemeinsam einen Spaß daraus!

„Was liegt an?" Erwartungsvoll und motiviert schaut Tiffi in die Kamera – jederzeit bereit für ein neues Spiel!

Das Herbeikommen funktioniert am besten, wenn der Hund es gerne tut!

Tipps zu Herbeikommspielen

- Das Herbeikommen funktioniert am besten, wenn der Hund es gerne tut! Seien Sie großzügig mit attraktiven Belohnungen (Futter, Spiel). Nette Worte oder Streicheln genügen meistens nicht.
- Schimpfen Sie nicht, wenn Ihr Hund zu langsam oder zu spät kommt. Dann müssen Sie beide eben besser werden!
- Werden Sie zum spannenden Spielautomaten: Belohnen Sie mit unterschiedlichen Mengen und Arten von Leckerchen! Auch Schnüffel- oder Wurfspiele zur Belohnung kommen gut an.
- Starten Sie zunächst dort, wo die Ablenkung am geringsten ist, zum Beispiel in der Wohnung.
- Rufen Sie Ihren Hund anfangs nur, wenn Sie ganz sicher sind, dass er auch kommt!
- Rufen Sie immer freundlich so, als hätten Sie etwas zu verschenken.
- Heute „Hierher!“, morgen „Komm!“, übermorgen „Kommst du her?“: Entscheiden Sie sich lieber für ein Rufwort, das Sie jedes Mal verwenden.
- Für manche Hunde ist das Herbeikommen einfacher, wenn der Mensch sich nach dem Rufen abwendet oder leicht zur Seite dreht: Die frontale Annäherung ist in der Hundesprache unhöflich!

Wer ruft am besten?

Bei diesem Spiel kann die ganze Familie mitmachen. Es eignet sich außerdem prima für Hunde, die das Herbeikommen gerade erst lernen.

Der Spielablauf:

- Alle sitzen, mit Leckerchen bewaffnet, im Kreis (der so weit sein sollte, dass sich der vierbeinige Mitspieler nicht bedrängt fühlt und genug Bewegungsfreiheit hat).
- Einer nach dem anderen hat nun die Aufgabe, den Hund zum Herbeikommen zu bewegen. Alles, was den Hund motiviert, ist dabei erlaubt. Geschoben oder gezogen werden darf er nicht!
- Beobachten Sie Ihren Hund genau: Wenn Sie sich ganz sicher sind, dass er mit der Aufmerksamkeit bei Ihnen ist, rufen Sie ihn.
- Für jedes erfolgreiche Herbeikommen bekommt der Hund sofort ein Leckerchen.
- Auch die menschlichen Mitspieler gehen nicht leer aus: Wer es schafft, den Vierbeiner mit einem einzigen Rufen zu sich zu holen, erhält dafür jedes Mal ein Stück Schokolade, ein Bonbon oder ein Gummibärchen.

Hin und her – Variationen

Das Herbeikommspiel lässt sich beliebig variieren:

- Nicht jeder hat eine Großfamilie: Sie können auch zu zweit spielen und rufen den Hund dann zwischen sich hin und her.
- Oder Sie gehen allesamt nach draußen und verlegen das Spiel auf eine Wiese oder auf den Spazierweg.
- Genauso gut können Sie sich in unterschiedlichen Räumen im Haus verteilen und den Hund von dort aus rufen.

Von einem zum anderen: Und jedes Mal gibt's etwas Gutes! So macht Herbeikommen Spaß.

Ronja, Manuela und Anette haben den Herbeikommspaß nach draußen verlegt. Auf einer Wiese flitzt Ronja zwischen den Zweibeinern hin und her – und holt sich am Ziel jedes Mal ein Leckerchen ab.

Dass Sie darauf achten, den Hund nicht durch zu viele schnelle Sprints auf langen Strecken übermäßig zu erschöpfen, versteht sich von selbst. Beenden Sie das Spiel immer rechtzeitig – solange Ihr Hund noch mit Begeisterung dabei ist!

Komm und such mich!

Machen Sie aus dem Herbeikommen ein spannendes Suchspiel: Sie rufen Ihren Vierbeiner nicht nur zwischen verschiedenen Räumen in der Wohnung hin und her, sondern verstecken sich dabei auch noch, zum Beispiel hinter einer Tür. So muss sich Ihr Hund ein wenig umsehen, bis er Sie findet. Feiern und belohnen Sie ihn, wenn er Sie aufgespürt hat. Ihr Versteckspiel können Sie auch auf dem Spaziergang spielen.

Ob sie es schon gerochen hat? Liesel ist auf der Suche nach Maria, die versteckt hinter der Tür mit einem Belohnungshäppchen wartet.

Herbeikommexpress für Singles

Auch wer allein mit dem Hund übt und spielt, muss nicht auf den Herbeikommspaß verzichten. Besonders gut lässt sich das auf dem Spaziergang oder im Garten umsetzen.

- Rufen Sie Ihren Hund, wenn Sie sicher sind, dass er garantiert kommen wird.
- Wenn Ihr Hund fast bei Ihnen angekommen ist, werfen Sie sein Belohnungsleckerchen ein paar Meter weit hinter sich. Ihr Hund wird direkt weitersprinten, um das Futter aufzusammeln.
- Damit befindet er sich in einer idealen Ausgangsposition für die nächste Runde einige Meter entfernt von Ihnen. Garantiert wird er darauf lauern, ob nicht noch mehr von den schmackhaften Bissen für ihn abfallen – die Gelegenheit, ihn erneut heranzurufen.
- Wieder werfen Sie das Belohnungsleckerchen so weit hinter sich, dass Ihr Hund ein paar Meter zurücklegen muss. Und erneut ist er in einer guten Position für den nächsten Sprint auf Sie zu.
- Spielen Sie dieses Spiel nur in kurzen Einheiten: Sonst besteht die Gefahr, dass Ihr Hund durch das ständige Hinterherhetzen nach den Leckerchen zu sehr aufdreht.

Die Leckerchengasse

Sie und Ihr Hund haben Gefallen an den Herbeikommspielen gefunden? Dann ist die Zeit reif für eine neue Herausforderung: In der Leckerchengasse müssen Sie Ihren Hund so zum Herbeikommen motivieren, dass er auf Ihr Rufen hin an ein paar mit Futter gefüllten Schälchen vorbei schnurstracks auf Sie zuläuft.

Auch wer allein übt und spielt, muss nicht auf den Herbeikommspaß verzichten.

Asta ist einer kleinen Zwischenmahlzeit nie abgeneigt. Trotzdem würdigt sie die Gefäße mit dem Trockenfutter keines Blickes: Die verlockenden Fleischwurstdüfte am Ziel ganz in ihrer Nähe machen ihr die Entscheidung leicht. Wenn Asta ein paar Mal erfolgreich herbeigekommen ist, könnte man in weiteren Schritten die Döschen enger zusammensetzen, Asta über eine größere Distanz abrufen oder die Anzahl der Döschen erhöhen. Fotos: Chr. Henke

Ihre Spielvorbereitungen:

- Legen Sie zwei Sorten Leckerchen bereit: zum einen ganz attraktives Futter (beispielsweise Fleischwurst), zum anderen weniger begehrte Snacks (beispielsweise Knäckebrot oder Trockenfutter).
- Sie benötigen für den Anfang zwei, später mehrere Gefäße: Ideal sind verschließbare kleine Frischhalteboxen (beispielsweise von Fertigsalaten aus dem Supermarkt) oder auch Marmeladengläser.
- Bohren Sie ein paar Löcher in die Deckel. Füllen Sie einige der weniger attraktiven Leckerchen hinein und verschließen Sie die Behältnisse wieder.
- Und nun bitten Sie idealerweise noch einen netten menschlichen Assistenten um Unterstützung.

Und so funktioniert's:

- Ihr Hund wird von Ihrem netten Spielassistenten vorsichtig festgehalten oder ein wenig abgelenkt. Alternativ lassen Sie Ihren Vierbeiner am zukünftigen Startpunkt warten, sofern er das kann.
- Rechts und links vor Ihrem Hund platzieren Sie nun in einer gedachten breiten Gasse die Gefäße mit dem für den Hund weniger attraktiven Futter.
- Sie nehmen das besonders begehrte Futter in die Hand. Machen Sie Ihren Hund auf sich (und Ihr gutes Futter) aufmerksam und rufen Sie ihn herbei.

Ihr Hund kommt wie ein Pfeil auf Sie zugesprintet und würdigt die Leckerchengefäße keines Blickes? Herzlichen Glückwunsch, das haben Sie gut gemacht! Jetzt können Sie in einem nächsten Schritt die Gasse allmählich enger werden lassen oder noch mehr Döschen einbauen.

Zito hat das Zeug zum fliegenden Hund. Wenn er gerufen wird, eilt er begeistert herbei.

Es klappt noch nicht so gut und Ihr Hund rennt zu den Döschen hin? Macht überhaupt nichts. Wenn Ihr Hund nicht gerade ein Experte im Öffnen von Frischhalteboxen ist (dann verwenden Sie eben Marmeladengläser mit Schraubdeckel), kann er sich dank der verschlossenen Behältnisse nicht selbst belohnen. Sie brauchen also gar nicht zu schimpfen, sondern müssen selbst einfach besser werden. Erleichtern Sie Ihrem Hund die Situation: Platzieren Sie die Döschen weiter auseinander und rufen Sie Ihren Hund zunächst aus ganz geringer Distanz ab. Wenn Sie und die guten Leckerchen ganz nah und die Döschen mit dem minderwertigen Futter weit entfernt von Ihrem Hund sind, klappt es bestimmt auf Anhieb!

Der fliegende Hund

Sie müssten nun richtig gut darin sein, Ihren Hund dazu zu bringen, begeistert zu Ihnen zu eilen. Dann lassen Sie Ihr Herbeikommspiel doch zu einem Dauerbrenner werden und nehmen Sie es in den ganz normalen Alltag mit! Schaffen Sie es, Ihren Hund dazu zu motivieren, (fast) jedes Mal im Galopp zu Ihnen zu sprinten, wenn Sie ihn rufen? Eine echte Herausforderung, die Ihnen staunende Nachbarn und neidische Blicke anderer Hundebesitzer einbringen wird.

„Sitz" und „Platz" an allen Orten

Kann Ihr Hund „Sitz" oder „Platz"? Bestimmt haben Sie das schon häufiger geübt. Aber kann Ihr Hund es auch, wenn Sie dabei auf dem Rücken liegen oder Liegestütze machen? Und kann er es auch auf einer Zeitung oder einer Plastiktüte? Setzt er sich, wenn Sie ihn ausschließlich über Körpersprache oder ganz bewegungslos nur durch ein Wort dazu auffordern?

Tipps für „Sitz" und „Platz"

- Wenn Ihr Hund „Sitz" oder „Platz" noch gar nicht kann, üben Sie es zuerst mit ihm. Ziehen Sie dafür ein gutes, fortschrittliches Hundeschulbuch zu Rate (siehe Kapitel „Zum Weiterlesen" am Ende des Buches).
- Wie immer gilt: Ihr Hund wird niemals in bestimmte Positionen gedrückt, geschoben oder gezerrt. Werden Sie nie ungeduldig. Geben Sie alle Signale ruhig und freundlich.
- Wenn Ihr Hund seine Übung erfolgreich ausgeführt und die Belohnung dafür erhalten hat, geben Sie ihn mit einem bestimmten Signal (zum Beispiel „Lauf" oder „Okay") wieder frei.
- Der Weg ist das Ziel! Dass „Sitz" oder „Platz" in den ungewohnten Positionen auf Anhieb klappt, ist gerade am Anfang unwahrscheinlich. „Sitz" auf dem Wohnzimmerteppich kann aus Sicht Ihres Hundes eine komplett andere Übung sein als „Sitz" auf einer Kiste oder auf dem Rasen im Garten. Hier sind Sie gefragt, die Aufgabe in kleine Schritte zu zerlegen. Nehmen wir einmal an, Sie möchten, dass Ihr Hund sich setzt, während Sie auf dem Bauch unter einer Wolldecke liegen (könnte ja sein). Stellen Sie sich den Aufbau der Übung wie ein Daumenkino vor:

1. Sie fordern Ihren Hund erst aus Ihrer ganz normalen Körperhaltung heraus zum Sitzen auf. Nehmen wir an, Sie stehen dabei vor Ihrem Hund. Ihr Vierbeiner erhält seine Belohnung und darf wieder aufstehen (das Leckerchen können Sie dafür zum Beispiel neben Ihren Hund auf den Boden werfen, sodass er aufsteht, um es aufzusammeln).
2. Jetzt fangen Sie an, die Situation zu verändern: Zunächst legen Sie sich die Wolldecke um Ihre Schultern und geben das gewohnte „Sitz"-Signal. Ihr Hund darf danach wieder aufstehen.
3. Sie gehen allmählich in die Knie und wiederholen dabei die Abfolge „Sitz" – Belohnung – Erlaubnis zum Aufstehen.
4. Das Ganze geht so lange, bis Sie tatsächlich auf dem Boden angekommen sind: zunächst auf allen vieren, dann in Bauchlage.
5. Ziehen Sie beim Üben Stück für Stück die Decke immer weiter über sich und belohnen Sie Ihren Hund für jede richtige Reaktion.
6. Klappt es mal nicht, gehen Sie einfach wieder einen Schritt zurück.

Auf ähnliche Weise können Sie fast alle Übungen aufbauen!

Verrückte Positionen

Probieren Sie, Ihren Hund aus den verrücktesten Positionen heraus dazu zu bringen, „Sitz“ oder „Platz“ zu machen oder eine beliebige andere vertraute Übung auszuführen. Sie können dafür zum Beispiel

- auf allen vieren knien,
- auf dem Rücken oder auf dem Bauch liegen,
- sich bücken und zwischen Ihren Beinen hindurch nach hinten auf Ihren Hund schauen,
- versteckt unter einer Wolldecke sein,
- mit dem Rücken zum Hund stehen,
- die Hände hoch über Ihren Kopf heben,

Wenn Sie Ihren Hund aus einer verrückten Position heraus dazu bringen möchten, dass er sich setzt oder hinlegt, müssen Sie ihm das wie eine neue Übung beibringen – in ganz kleinen Schritten.

In diesem Spiel übt Sun, dass „Sitz“ auch dann „Sitz“ bedeutet, wenn Renate vor ihr auf dem Bauch liegt oder eine Kerze macht. Weil Sun das Spiel schon kennt, ist sie schnell erfolgreich. Machen Sie es Ihrem Hund am Anfang leicht und verändern Sie Ihre Körperhaltung aus dem Normalzustand heraus nur Schritt für Schritt.

- hinter einer Zeitung verborgen sein,
- in der Badewanne sitzen,
- auf dem Sofa oder im Bett liegen,
- in jeder Hand eine Einkaufstüte halten
- und vieles mehr.

Übrigens: Bis Hunde eine Übung ganz perfekt in den verschiedensten Situationen und unter unterschiedlichsten Ablenkungen beherrschen, sind mehrere Tausend Wiederholungen nötig!

„Sitz" und „Platz" kreuz und quer

Bestimmt sagen Sie für Ihre Sitz- oder Platz-Übung ein bestimmtes Wort zu Ihrem Hund (zum Beispiel „Sitz") und machen dazu eine bestimmte Körperbewegung (zum Beispiel erhobene Hand).

- Schaffen Sie es, Ihren Hund dazu zu bringen, seine Übung auch auszuführen, wenn Sie mal gar nichts sagen, sondern nur mit Körpersprache arbeiten?

Wer es aus dieser Position heraus schafft, sich seinem Hund mitzuteilen, der ist schon richtig gut!

- Und umgekehrt: Führt Ihr Hund seine Übung auch aus, wenn Sie ausschließlich mit Ihrer Stimme arbeiten und sich kein Stück bewegen?

Probieren Sie es aus! Vermutlich hat auch Ihr Hund bei der Spielvariante die wenigsten Probleme, bei der Sie sich ihm ausschließlich durch Körpersprache mitteilen. Das ist ganz normal! Die meisten Hunde orientieren sich mehr an der Körpersprache als am gesprochenen Wort ihrer Menschen.

„Sitz“ und „Platz“ – überall!

Ist Ihr Hund so sicher, dass er die gewohnten Übungen auch an ungewohnten Orten ausführt? Und können Sie Ihren Hund in die verschiedenen Positionen lotsen, ohne ihn dabei zu berühren? In diesem Spiel ist es Ihre Aufgabe, Ihren Hund dazu zu bringen, sich an den verschiedensten Stellen hinzusetzen, hinzulegen oder eine andere gewohnte Übung auszuführen, wie zum Beispiel:

Gleich eine doppelte Herausforderung für Asta: Nur auf das gesprochene Wort hin legt sie sich begeistert ins „Platz“ – und das Ganze noch auf einem Baumstamm! Das gelingt vor allem deshalb, weil Asta sowohl das „Platz“ gut beherrscht als auch eine routinierte und sichere Baumläuferin ist. Beide Komponenten hat Asta zunächst getrennt geübt – bis aus der Kombination ein neues Spiel wurde. Fotos: Chr. Henke

- auf einer Kiste,
- auf einer Zeitung oder einem Blatt Papier,
- punktgenau mit dem Po auf einem Klebezettel (Klebeseite natürlich nach unten) oder auf einem bestimmten Detail im gemusterten Teppich,
- auf einer Mauer,
- genau an der Bordsteinkante,
- in ungewohnten Räumen, zum Beispiel in der Garage oder auf dem Dachboden,
- auf einer Plastiktüte.

Carlos macht „Sitz" – auf einem Betonklotz, und dazu noch während eines aufregenden Stadtspaziergangs. Er schafft das sogar, wenn Norbert ein Stück von ihm entfernt steht.

Anette bringt Zito dazu, sich genau in einen Reifen zu setzen – natürlich ohne ihn dabei zu berühren.

Sie sollten Ihren Hund nur dort dazu bringen, sich hinzulegen oder hinzusetzen, wo es ihm angenehm ist. Ein „Platz" auf spitzen Steinen oder ein erzwungenes „Sitz" auf der aus Sicht Ihres Hundes unheimlichen, raschelnden Plastikplane wäre unfair! Schließlich wollen Sie beide Spaß haben!

Durchhaltevermögen

Ihr Hund ist schon richtig gut darin, sich auf Ihr Signal hin hinzusetzen oder hinzulegen und bleibt auch schon eine Zeit lang in dieser Position, bis Sie ihn wieder freigeben? Dann können Sie ein wenig Ablenkungsspaß einbauen. Während Ihr Hund sitzt oder liegt,

- wedeln Sie mit den Armen,
- springen Sie mehrmals in die Höhe,
- öffnen und schließen Sie einen Regenschirm (natürlich zunächst nur ganz vorsichtig, sodass Ihr Hund nicht erschrickt),
- drehen Sie sich einmal um die eigene Achse,
- machen Sie Liegestütze
- und so weiter.

Bauen Sie nur so viel an Ablenkung ein, dass Ihr Hund immer erfolgreich sein kann. Steht er trotzdem mal auf, schimpfen Sie nicht, sondern überlegen lieber, was Sie besser machen können, damit er erfolgreich ist. Belohnen Sie ihn zu Beginn für das Sitzen- oder Liegenbleiben bei geringsten Anforderungen und steigern Sie allmählich die Ablenkungen.

Brückenbau

Wenn Ihr Hund sich begeistert auch auf einem Stück Pappe, einer kleinen Decke oder einer Fußmatte niederlässt und außerdem gelernt hat, dort ein wenig auszuharren, könnte Ihnen der Brückenbau Spaß machen. Sie brauchen dafür nichts anderes als zwei gleich große Stücke Pappe. Alternativ können Sie natürlich auch mit zwei Fußmatten, Handtüchern oder Hundedecken spielen.

Und so geht's:

- Markieren Sie zunächst eine sehr kurze Strecke mit Start- und Zielpunkten.
- Legen Sie eine der beiden Pappen an den Start und lassen Sie Ihren Hund darauf zum Beispiel „Sitz“ machen.

Egal ob Christian vor ihm Liegestütze macht oder auf einem Bein mit erhobenen Armen auf und ab hüpft: Mikel bleibt liegen!

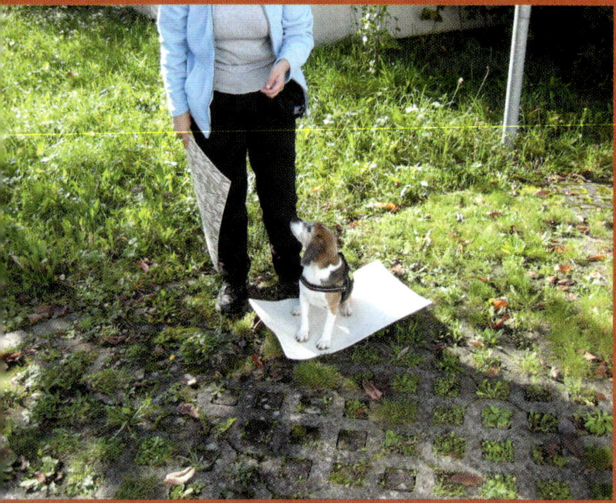

Jessi und Taja bauen eine Brücke. Fotos: D. Zünd

- Platzieren Sie anschließend die zweite Pappe vor die erste und lassen Sie Ihren Hund umsteigen. Er geht ein Stück nach vorne und setzt sich wieder.
- Sie nehmen daraufhin die hintere Pappe weg, legen Sie vor die Pappe, auf der Ihr Hund sitzt, und lassen Ihren Hund wieder vorrücken.
- Das wiederholen Sie so lange, bis Sie das Ziel erreicht haben.

Schaffen Sie es, ans Ziel zu kommen, ohne dass Ihr Hund die Brücke verlässt? Wie immer sind Sie für den Erfolg des Spiels verantwortlich: Machen Sie es Ihrem Hund leicht! Wählen Sie zunächst eine kurze Strecke und große Pappen und belohnen Sie Ihren Hund anfangs für jedes „Sitz“ mit etwas Futter.

Die lockere Leine

Ist es nicht entspannend, mit dem Vierbeiner an lockerer Leine durch die Gegend zu schlendern? Das ergibt nicht nur ein schöneres Bild, sondern ist für Hund und Mensch auch wesentlich angenehmer (und gesünder!) als ein röchelnder Hund vorn an der gestrafften Leine. Wie Sie die Leinenführigkeit auf hundefreundliche, gewaltfreie Art und Weise üben können, erfahren Sie in guten, fortschrittlichen Hundeschulbüchern. Leinenführigkeitsübungen können auch ein Zeitvertreib in Ihrem gemeinsamen Spiel sein. Testen Sie, wie gut Sie darin sind, Ihren Hund zu führen!

Der seidene Faden

Für dieses Spiel brauchen Sie eine ganz spezielle Leine: Sie besteht aus einem mindestens 2 Meter langen

Wollfaden oder einer Luftschlange aus Papier! Ihre Spezialleine befestigen Sie mit einer lockeren Schleife am Halsband oder Brustgeschirr Ihres Hundes. Mit ein paar Eimern, kleinen Pylonen oder einigen Stühlen lässt sich im Nu ein kleiner Slalom in Wohnzimmer oder Garten aufbauen. Schaffen Sie es, Ihren Hund so gut zu führen, dass Sie gemeinsam den Slalom absolvieren, ohne dass Ihre Spezialleine reißt? Erlaubt ist alles, was Ihren Hund motiviert und an Ihrer Seite hält.

Spielvariante für Fortgeschrittene:

Schaffen Sie es, Ihren Hund ohne Leckerchen oder Spielzeug in der Hand zum Mitkommen zu motivieren? Die Belohnung gibt es dafür natürlich trotzdem: aus Ihrer Tasche!

Eierlaufen

Der Slalom mit Ihrer nicht ganz reißfesten Spezialleine ist fast schon langweilig für Sie und Ihren Hund? Dann starten Sie zur nächsten Herausforderung: Nehmen Sie zusätzlich einen Löffel oder einen kleinen Becher in die Hand, auf dem ein Tennisball liegt. Versuchen Sie Ihren Slalom so zu absolvieren, dass weder die Leine reißt noch der Ball herunterfällt!

> **Tipp**
> Nehmen Sie den Löffel und Ihre Spezialleine in dieselbe Hand. So haben Sie noch eine Hand frei, um Ihren Hund gegebenenfalls mit Leckerchen oder Spielzeug in der richtigen Position zu halten.

Die Spezialleine reißt sofort, wenn sie gespannt ist: Jasmin und Desmond beginnen den Leinenführigkeitsslalom im Wohnzimmer. Bei geringer Ablenkung ist der Erfolg vorprogrammiert. Foto: K. Schomburg

Der Garten als Spielplatz

Angenehme Temperaturen und Sonnenschein machen Lust auf gemeinsame Aktivitäten an der frischen Luft. Natürlich können Sie die meisten Spiele, die Sie sonst im Haus spielen, in der wärmeren Jahreszeit einfach in den Garten oder auf die grüne Wiese verlagern. Aber es gibt auch ein paar Beschäftigungsmöglichkeiten, die sich ausschließlich oder ganz besonders gut hier verwirklichen lassen. Selbst auf dem kleinsten Fleckchen Grün ist Platz für Spiel und Spaß mit Ihrem Hund. Und wer Lust hat, kann schon mit ganz wenig handwerklichem Geschick und ohne großen Kostenaufwand einen kleinen mobilen Spielplatz für den Hund bauen.

Tipps für den vollendeten Gartenspaß

- Einige der Spiele, die in diesem Kapitel vorgestellt werden, kennen Sie schon aus dem Kapitel „Wohnzimmer-Agility". Allerdings haben Sie und Ihr Hund draußen ganz andere Bewegungsmöglichkeiten als im Haus und Sie können anderes Zubehör verwenden. Und genau darum geht es hier. Um Sie nicht zu langweilen, ist nicht jeder Übungsaufbau noch einmal beschrieben. Wenn Sie genauere Anleitungen brauchen, wie Sie Ihren Hund beispielsweise dazu bringen, einen Tunnel zu durchqueren, über eine Hürde zu springen oder einen Slalom zu laufen, werfen Sie einen Blick ins Kapitel „Wohnzimmer-Agility".
- Der gemeinsame Gartenspaß bereitet Hund und Mensch am meisten Vergnügen, wenn die üblichen Spielregeln eingehalten werden: Stimmen Sie Ihre Aktivitäten immer auf die (körperlichen) Fähigkeiten Ihres Hundes ab. Halten Sie die Spieleinheiten kurz, sorgen Sie für ständigen Erfolg und geizen Sie nicht mit Belohnungen. Bringen Sie Ihren Hund mit Leckerchen oder Spielzeug zur freiwilligen Mitarbeit, anstatt ihn zu schieben oder zu ziehen. Verwenden Sie für Ihren Gartenspielplatz nur Materialien, an denen Ihr Hund sich nicht verletzen kann.
- Gartenwetter ist nicht immer ideal für Bewegungsspiele. Ist es draußen heiß, lassen Sie es langsam angehen und verlagern Sie Ihre Aktivitäten in den Schatten. Denken Sie an Wasser für Ihren Hund!
- Wer viel geleistet hat, darf danach auch ausgiebig relaxen: Gegen eine gemeinsame Ruhephase an einem lauschigen Plätzchen hat Ihr Vierbeiner bestimmt nichts einzuwenden.

Auch das macht Spaß: Asta genießt das gemeinsame Sonnenbad.

Platz für große Sprünge

Sie möchten für Ihren wendigen, sprungfreudigen Hund einen kleinen Hürdenparcours basteln? Kein Problem, das geht schon mit ganz wenig Zubehör.

Hürden ganz einfach

Was Sie für den Bau einfacher Hindernisse benötigen, haben Sie bestimmt zu Hause. Sie können zum Beispiel

- einen Blumenkasten oder ein Brett zwischen zwei Gartenstühle stellen oder
- zwei Kanister oder umgedrehte Kunststoffboxen als Seitenteile verwenden und einen langen Pflanzstab möglichst einfach locker auflegen.

Schaffen Sie es, Ihren Hund dazu zu bringen, die Hürde zu überspringen?

Aus Kunststoffblumenkästen entstehen im Nu einfache Gartenhürden. Am leichtesten für Ihren Hund ist es, wenn die Hürden seitlich durch Stangen oder Stühle begrenzt werden.

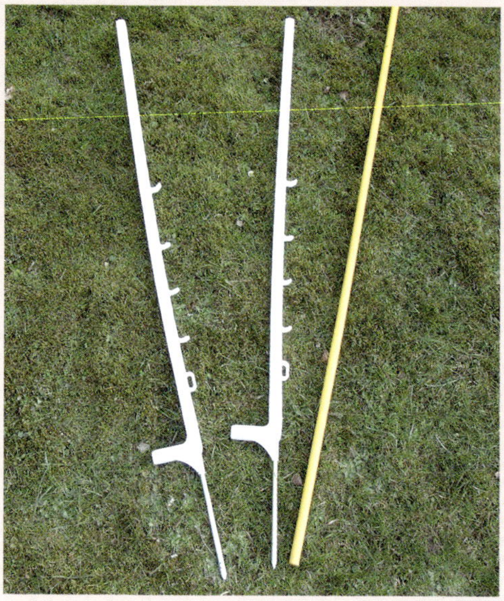

Aus Weidezaunpfosten und dünnen Holz- oder Kunststoffstangen können Sie preisgünstige Trainingshürden selber bauen.

Profihürden selbst bauen

Wenn Sie und Ihr Hund den Spaß am Springen entdeckt haben, können Sie sich transportable und vor allen Dingen preisgünstige Trainingshürden ganz leicht selbst bauen. Eine gute Grundausstattung sind vier Hürden, aber auch mit ein oder zwei Sprunggeräten können Sie schon eine Menge anfangen.

Pro Hürde brauchen Sie

- zwei Weidezaunpfosten aus dem Landwirtschaftshandel als Seitenteile und
- eine etwa 1 Meter lange Stange zum Auflegen (dünnes Kunststoffrohr oder runde Holzleiste aus dem Baumarkt, Durchmesser etwa 12 Millimeter).

Wenn Sie die Halterungen an den Weidezaunelementen mit dem Föhn erwärmen, lassen sie sich auseinander biegen und zu passenden Auflagen für Ihre Stange in verschiedenen Höhen formen.

Mit Ihren nagelneuen Profihürden stehen Ihnen vielfältige Trainings- und Spielmöglichkeiten offen.

Coda als Überflieger: Selbst in kleinen Gärten ist Platz für ein paar größere Sprünge über die Trainingshürden.

> Tipp
>
> Bei besonders großen Hunden sollten die Weidezaunseitenteile mindestens 1,40 Meter hoch sein. Schließlich soll sich Ihr Hund nicht aufspießen, wenn er sehr hoch springt und mal falsch landet. Achten Sie auch bei einfachen Blumenkastenhürden auf eine ausreichende Höhe der seitlichen Begrenzungen.

Beginnen Sie mit einer einzigen Hürde:

- Starten Sie zunächst unmittelbar vor der Hürde und bringen Sie Ihren Hund dazu, mit Ihnen oder allein über die Hürde zu springen.
- Bauen Sie allmählich ein wenig Anlauf ein.
- Laufen Sie mal rechts, mal links vom Hund.
- Laufen Sie aus verschiedenen Winkeln auf die Hürde zu.

Bringen Sie in einem nächsten Schritt zwei und mehr Hürden ins Spiel:

- Stellen Sie die Hürden zunächst hintereinander in einer Geraden auf, sodass Ihr Hund ohne Richtungswechsel eine nach der anderen überspringen kann.
- Versetzen Sie die Hürden leicht und bauen Sie erste Winkel ein.
- Wenn Ihr Hund ein wenig Übung hat, können Sie Ihre Hürden zu interessanten Kombinationen aufstellen: zum Beispiel zu einem Kreuz, zu einem offenen Viereck, treppenförmig oder sogar eine neben der anderen in einer Linie.
- Überlegen Sie sich, in welcher Reihenfolge Sie und Ihr Hund Ihren kleinen Hürdenparcours bewältigen wollen.

> Tipp
>
> Je niedriger die Stangen liegen, desto einfacher ist es zu Beginn für Ihren Hund. 30 Zentimeter für große und 15 Zentimeter für kleine Hunde reichen für die ersten Sprungerlebnisse völlig aus.

Eine Variante für Fortgeschrittene: Meggan im Hürdenviereck

Hürde als Mutprobe

Wäre es nicht langweilig, wenn Sie Ihre selbst gebastelten Hürden nur für einen einzigen Zweck verwenden könnten? So machen Sie daraus eine spannende Mutprobe:

- Legen Sie die Stange auf Maximalhöhe. Binden Sie sie möglichst an den Seitenteilen fest, damit sie auf keinen Fall herunterfallen kann.
- An der Stange knoten Sie zum Beispiel Flatterbänder oder Streifen aus Zeitungspapier fest.

Wie Sie Ihren Hund dazu motivieren, durch einen Flatterbandvorhang zu gehen, wissen Sie aus dem Kapitel „Wohnzimmer-Agility". Wenn Ihr Vierbeiner schon ein routinierter Hürdenprofi ist, passen Sie auf, dass er nicht irrtümlich über die Stange springt.

Kimba geht vorsichtig durch den Flatterbandvorhang: Ein paar ausgestreute Leckerchen auf dem Boden belohnen ihren Mut.

Ronja im Bambusstangenslalom
Foto: M. Schumann

Slalom

Slalom- und Wendigkeitsübungen funktionieren auf der Wiese besonders gut: Hier können Sie Ihre Stangen nach Herzenslust in den Boden bohren und erhalten so eine standfeste Konstruktion.

Slalom ganz einfach

Für die einfachste Slalomvariante bohren Sie ein paar Bambusstangen oder Kunststoffpflanzstäbe aus dem Baumarkt in die Erde.

Profislalom für Heimwerker

Wer Spaß am Basteln hat, nimmt Besenstiele (für kleine Hunde reichen auch halbierte Besenstiele), streicht sie farbig an und schraubt je einen Hering daran.

> Zur Erinnerung:
>
> Lotsen Sie Ihren Hund zunächst mit dem Leckerchen in der Hand durch die Stangen. Wer die Übung ausbauen möchte, baut die Leckerchen allmählich ab, sodass der Hund der leeren Hand folgt und seine Belohnung nachher bekommt. Fangen Sie am Anfang mit zwei oder drei Stangen an und verlängern Sie Ihren Slalom allmählich.

Ein Kegelspiel wird umfunktioniert zu einem Wendigkeitsspiel für Liesel.

Das macht Spaß und sieht gut aus: Lara im Profigartenslalom.

Noch mehr Wendigkeitsübungen

Natürlich können Sie auch im Garten die unterschiedlichsten Gegenstände für Ihre Wendigkeitsübungen einsetzen: Lassen Sie Ihren Hund um die Beine Ihrer Gartenmöbel kreisen oder stellen Sie Kunststoffkegel aus einem Kinderspiel oder kleine Hütchen (Pylonen) aus dem Spielwarenladen zu Slalomkonstruktionen auf.

Tunnel und Reifen

Kinderkriechtunnel kommen im Gartenparcours erst richtig zur Geltung. Auch Reifensprünge aller Art machen mit etwas Platz und dem richtigen Untergrund besonderen Spaß. Mit etwas Holz und handwerklichem Geschick können Sie sich einen stabilen Reifenständer selbst bauen.

Schwungvoll und ganz selbstständig saust Sun durch die Röhre. Zur Belohnung fliegt für sie ein Bällchen.

Wie Sie Ihren Hund am besten mit Tunnel oder Reifensprung vertraut machen, wissen Sie bereits aus dem Kapitel „Wohnzimmer-Agility“. Genau die dort beschriebenen Schritte durchlaufen Sie auch in Ihrem Gartentraining. Sie können dann zusätzlich daran üben,

- sich mit etwas Anlauf und Schwung auf Tunnel oder Reifen zuzubewegen,
- dabei mal auf der rechten, mal auf der linken Seite Ihres Hundes zu laufen,
- aus verschiedenen Winkeln auf Tunnel oder Reifen zuzulaufen.

> Tipp
> Damit Ihr Tunnel auch bei Wind und schnellen Bewegungen nicht wackelt oder wegrollt, sollten Sie ihn rechts und links mit ein paar Pflanzstäben oder Slalomstangen stabilisieren, die Sie in den Boden stecken.

Lebende Hindernisse – Menschen-Agility

Sie haben bereits im Haus ein paar „Gymnastikübungen" mit Ihrem Hund gemacht und dabei mit Ihrem Körper alle möglichen Hindernisse gebildet? Im Garten ist für solche Dinge noch viel mehr Platz. Sie

Mit etwas Fantasie und handwerklichem Geschick entstehen schöne Gartenspielgeräte wie dieser Reifensprung.

Draußen ist mehr Platz für schwungvolle Anläufe und größere Sprünge. Passen Sie Ihre lebenden Hindernisse immer den Fähigkeiten Ihres Hundes an und achten Sie ganz besonders darauf, dass er mit Spaß bei der Sache ist.

können Sprünge in Ihr Programm einbauen, gleich mehrere Menschen für einen ganzen Parcours lebender Hindernisse in Ihr Spiel einbeziehen und auch mal einen schwungvollen Anlauf einplanen.

Gestern noch auf dem Sperrmüll, heute eine Herausforderung für den Gartenparcours: Der ausgediente Lattenrost eines Kinderbettes wird zum Spezialbodenarbeitselement.

Mutproben und Koordinationsspiele

Nutzen Sie den Platz im Garten für allerhand Mutproben und Koordinationsspiele, die Konzentration und Körpergefühl Ihres Hundes schulen und gut für sein Selbstbewusstsein sind!

Bodenarbeit mit Fantasieelementen

Werfen Sie einen Blick in Garage, Keller, Dachboden oder Gartenhäuschen. Bestimmt finden sie dort so manches, was Sie für allerlei Koordinationsübungen verwenden können. Legen Sie zum Beispiel:

- eine Holzleiter,
- mehrere Autoreifen,
- ein Mikado aus Pflanzstäben oder
- einen alten Lattenrost

auf den Boden und lassen Sie Ihren Hund langsam und konzentriert darüber steigen.

Kimba tappt vorsichtig durch ein Stangenmikado.

Jede Menge neuer Eindrücke: Zito auf dem Weg über die Taststraße.

Es muss nicht gleich die ganze Strecke sein: Ronja macht sich zunächst mit den einzelnen Elementen vertraut.

Die Taststraße

Sie haben Ihren Hund beim „Wohnzimmer-Agility" bereits an die Bewältigung verschiedenster Untergründe gewöhnt? Dann können Sie nun ganze Taststraßen aus den unterschiedlichsten Elementen zusammensetzen. Platz haben darin zum Beispiel raschelnde Plastikplanen, auseinander gefaltete Zeitungen, ein Serviertablett aus Kunststoff oder Metall, eine Fußmatte, ein Stück Styropor, eine flache Kunststoffbox, ein Stück Teppich, eine dicke Pappe und noch vieles mehr. Schaffen Sie es, Ihren Hund dazu zu bewegen, seinen Weg über die verschiedenen Bodenbeläge anzutreten?

> **Tipp**
> Gut möglich, dass es Ihren Hund zunächst zu viel Überwindung kostet, die ganze Taststraße auf einmal zu absolvieren. Führen Sie ihn dann einfach quer über die einzelnen Elemente.

Die Hundewippe

Aus der Balanceübung auf dem Wackelbrett im Wohnzimmer kann draußen eine große Hundewippe werden.

- Unter ein Brett oder eine rutschfeste Platte legen Sie ein Scheit Kaminholz, ein zusammengerolltes Badetuch oder einen alten Ball, aus dem die Luft fast entwichen ist.
- Je weniger das Brett am Anfang wackelt, umso einfacher ist es für Ihren Hund.

- Belohnen Sie ihn fürstlich für alle Aktionen mit und auf der Wippe: für Berührungen der Wippe mit der Pfote, für ein vorsichtiges Hinaufgehen, für ein Kippen der Wippe und so weiter.

Asta mit ihrer Hundewippe: Wann immer sie von sich aus den Kipp-Punkt überschreitet, gibt es eine Belohnung. Fotos: Chr. Henke

Abenteuer auf Rollen

Sie besitzen einen Fahrradanhänger, ein Skateboard oder einen flachen Bollerwagen? Sie können all diese Dinge in Ihr Spiel einbauen! Natürlich dürfen Sie nicht einfach Ihren Hund auf das Gefährt setzen und es anschieben. Das mag zwar lustig aussehen, aber Ihr Hund würde das sicherlich überhaupt nicht komisch finden. Im Gegenteil: Es könnte leicht passieren, dass er erschrickt und von Ihren gemeinsamen Aktivitäten erst einmal die Nase voll hat. Deshalb ist für diese Herausforderung ein wenig Fingerspitzengefühl nötig.

- Wählen Sie zunächst einen fahrbaren Untersatz, auf den Sie Ihren Hund nicht heben müssen, zum Beispiel einen flachen Transportwagen oder Fahrradanhänger oder (für kleine Hunde) ein Skateboard.
- Sorgen Sie dafür, dass sich das Gefährt nicht plötzlich in Bewegung setzen kann. Halten Sie es gut fest oder blockieren Sie die Räder.
- Bewegen Sie nun Ihren Hund dazu aufzusteigen. Ist Ihr Hund sehr zurückhaltend, belohnen Sie ihn schon für das erste Pfotenheben in Richtung des Gefährts.

Ein Skateboard auf dem Rasen ist ein guter Start für das Abenteuer auf Rollen: Es bewegt sich nur wenig und rollt nicht plötzlich weg. Nelly wird dafür belohnt, dass sie sich auf das wacklige Brett wagt.

- Lassen Sie Ihren Hund ein paar Mal auf- und absteigen, ohne dass Ihr fahrbarer Untersatz ins Rollen gerät.
- Bringen Sie Ihren Hund dazu, sich etwas länger auf dem Gefährt aufzuhalten. Geben Sie ihm mehrere Leckerchen.
- Bewegen Sie nun vorsichtig Ihr Gefährt. Belohnen Sie Ihren Hund sofort, wenn er ruhig darauf sitzen oder stehen bleibt.
- Aus dem ersten Wackeln am fahrbaren Untersatz kann nach und nach das Schieben oder Ziehen über eine kleine Strecke werden.

Hier wird ein flacher Transportwagen zum Hundefahrzeug. Damit der vierbeinige Passagier nicht erschrickt, sollten zunächst die Räder blockiert werden. Eine Decke sorgt für Komfort und Rutschfestigkeit.

Taja wird zunächst für das Betreten des stehenden Wagens belohnt.

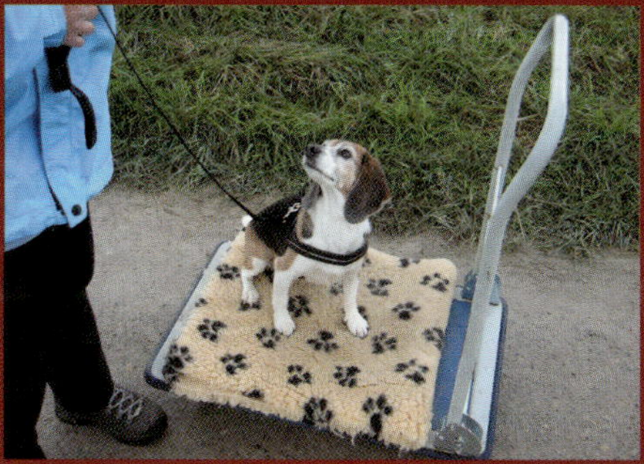

Erst wenn sie unbefangen darauf Platz nimmt, kann der Wagen ein winziges Stückchen verschoben werden.

Während sich der Wagen bewegt, wird Tajas Tapferkeit mit Leckerchen belohnt. Fotos: D. Zünd

Das Schubkarrenspiel ist etwas für fortgeschrittene Hund-Mensch-Teams: Ihr Vierbeiner muss Ihnen volles Vertrauen entgegenbringen und Sie müssen die Sprache Ihres Hundes gut verstehen. Erkennen Sie Zeichen von Unbehagen, wechseln Sie lieber zu einem anderen Spiel.

Zito weiß genau, dass Unternehmungen mit Anette immer Spaß machen. Mit Vergnügen springt er in die mit einer Decke ausgelegte Schubkarre.

„Hmmh, nett ist das hier." Ein Leckerchen verstärkt die gute Stimmung.

„Jetzt aber los." Es ist offensichtlich, dass Zito sein Abenteuer genießt. Fotos: R. Heymann

Tiffis Element ist das kühle Nass: Begeistert steigt sie in das kleine Planschbecken und fischt und taucht dort nach den Leckerchen. Wenn Ihr Hund es vorzieht, vom Rand aus nach dem Futter zu angeln, ist das genauso gut!

Wasserspiele

Draußen im Garten darf's für Ihren Hund auch mal richtig feuchtfröhlich zugehen: Werfen Sie eine Hand voll Trockenfutter in eine große, mit Wasser gefüllte Schüssel und lassen Sie Ihren Hund danach fischen. Sie können auch ein Stück Kunststoffplane im Garten ausbreiten, ein wenig Wasser darauf ausgießen und Ihren Hund durch das erfrischende Fußbad locken.

Wenn Ihr Hund ein Bad nimmt, dann sollte er das freiwillig tun! Wenn Sie ihn einfach so ins Wasser setzen, ist der Spaß für ihn schnell zu Ende.

Die Buddelecke

Hunde haben ihre eigene Vorstellung von Garten- und Freizeitgestaltung. Während Sie liebevoll Ihre Beete pflegen oder auf der Liege mit einem gutem Buch in der Hand die Sonne genießen, gräbt Ihr Hund vielleicht gerade einen riesigen Krater in den englischen Rasen, um dort den angekauten Büffelhautknochen zu versenken. Eine Buddelecke schafft hier den Interessenausgleich: Das kann ein bestimmter Teil eines Beetes oder ein Sandkasten sein, oder Sie teilen mit einer Reihe kleiner Palisaden ein Stück Rasen ab. Dort darf sich Ihr Hund nach Herzenslust austoben. Machen Sie ihm die Buddelecke schmackhaft: Vergraben Sie vor seinen Augen mehrere Leckerchen oder ein Spielzeug und ermuntern Sie Ihren Vierbeiner, sich auf die Suche nach den verborgenen Schätzen zu begeben.

Fredo in Aktion: Eine Buddelecke im Garten bereitet ihm viel Vergnügen und schont die Beete. Fotos: J. Hannemann

Der gemischte Parcours

Dafür ist in Ihrem Wohnzimmer ganz bestimmt kein Platz: Fast alle Beschäftigungsmöglichkeiten aus dem Garten-Agility können Sie zu einem kleinen Parcours zusammenstellen. Kombinieren Sie zum Beispiel den Tunnel mit einer Hürde, bauen Sie noch ein paar Koordinationsübungen ein und ergänzen Sie das Ganze um ein lustiges Leckerchensuchspiel in der Wasserschüssel. Die Möglichkeiten sind fast unbegrenzt.

In Ihrem Parcours ist Ihr Hund natürlich immer der Gewinner! Es kommt nicht auf die Geschwindigkeit an. Ihr Hund soll sich vor allen Dingen wohl fühlen und erfolgreich sein – und dafür sind in erster Linie Sie zuständig!

Das macht Spaß! Auf der Weide sind viele Herausforderungen für Tiffi aufgebaut.

Daraus lässt sich was Tolles machen: Asta und Coda mit dem Zubehör ihres Gartenspielplatzes

Und sonst?

Jeder hat andere Dinge zu Hause, jeder Garten sieht unterschiedlich aus: Und deshalb wird auch kein Gartenparcours aussehen wie der andere! Probieren Sie immer mal wieder etwas Neues aus. Ihr Hund wird begeistert sein!

Jeder hat andere Dinge zu Hause. Zwei große Tröge aus dem Stall werden zum Fantasie-Hindernis für Kira.

Abenteuer Spaziergang – Ideen für unterwegs

Beschäftigung für Ihren Hund muss nicht zeitaufwendig sein: Ein kleines Programm vergnüglicher Aktivitäten lässt sich in Ihren ganz alltäglichen Spaziergang einbauen. Ob Sie in Wald und Wiesen oder mitten in der Stadt unterwegs sind – mit ein wenig Kreativität können Sie Ihrem Vierbeiner in jeder Umgebung etwas bieten. Selbst die kürzesten Spaziergänge zwischendurch werden so für jeden Hund zum Erlebnis.

Gemeinsame Aktivitäten auf dem Spazierweg sorgen nicht nur für Abwechslung, sondern sind gleichzeitig äußerst nutzbringend: Sie werden merken, dass Ihr Hund viel mehr auf Sie achtet, wenn Sie regelmäßig kleine Überraschungen in Ihren Spaziergang einbauen. Die Wahrscheinlichkeit, dass Ihr Vierbeiner Ausflüge auf eigene Faust unternimmt, ist geringer, wenn Sie für ihn unterwegs interessanter werden. Darf Ihr Hund beispielsweise aufgrund seines starken Jagdtriebes selten frei laufen, dann ist ein kleines Beschäftigungsprogramm auf dem Spaziergang erst recht gut für ihn. Bei den meisten Spielen ist die Leine überhaupt nicht hinderlich und Sie können Ihrem Vierbeiner so eine wertvolle Ersatzbeschäftigung bieten.

Freiluftparcours am Wegesrand

Gehen Sie einmal mit ganz anderen Augen Ihre täglichen Spazierwege ab. Sie werden plötzlich sehen, dass es rechts und links des Weges von interessanten

Tipps für den Freiluftparcours

- Die Sicherheit Ihres Hundes steht immer an erster Stelle: Hindernisse, von denen Ihr Hund leicht abrutschen, aus größerer Höhe herunterfallen oder an denen er sich verletzen kann, sind nichts für Ihren Freiluftparcours!
- Wenn Sie querfeldein unterwegs sind, nehmen Sie Rücksicht auf die Natur! Machen Sie sich kundig, welche Wege Sie verlassen und welche Flächen Sie betreten dürfen.
- Damit die neuen Herausforderungen auch wirklich zu einem besonderen Vergnügen für Ihren Hund werden, gilt wie immer: Ziehen oder schieben Sie Ihren Vierbeiner nicht. Bringen Sie ihn möglichst ganz ohne Körperkontakt mit Fingerzeig oder Leckerchen in die gewünschte Position.
- Je ungewohnter das Hindernis, desto größer ist die Herausforderung für Ihren Hund. Belohnen Sie anfangs schon die kleinsten Ansätze zur Bewältigung einer Mutprobe.
- Unterwegs sind die Ablenkungen durch jede Menge Außenreize wie Gerüche oder Geräusche viel größer als in Haus oder Garten. Beginnen Sie deshalb zunächst mit ganz leichten Spielen und besonders attraktiven Belohnungen.

Am Wegesrand wimmelt es nur so von Spielideen. Hier wird ein knorriger Ast zu einem Abenteuer für Coda.

Dingen nur so wimmelt, die Sie in Ihr Spiel- und Beschäftigungsprogramm einbauen können. Gestalten Sie Ihren persönlichen Freiluftparcours!

Balanceakt

Über niedrige Mauern, liegende rutsch- und rollfeste Baumstämme oder schmale Stege kann Ihr Hund ganz hervorragend balancieren. Solange diese Aufgabe für Ihren Hund noch ungewohnt ist, wählen Sie besonders breite und ganz niedrige Naturlaufstege aus. Passen Sie auf, dass Ihr Hund nicht abrutscht.

> **Tipp**
>
> Holzstapel als Klettergerüste sind mit Vorsicht zu genießen. Besonders die von Maschinen getürmten Langholzpolder, die häufig über 2 Meter hoch sind, sind nicht zum Erklettern gedacht. Gerade nach lang anhaltenden Regenperioden können solche Stapel ganz von allein ins Rutschen geraten. Dann sind es gleich mehrere Tonnen Gewicht, die sich in Bewegung setzen ...

Roll- und rutschfeste, breite Baumstämme eignen sich hervorragend für den Balanceakt. Das findet Queenie auch.

Was im Wald der Baumstumpf, ist in der Siedlung der Betonklotz. Marius testet es. Foto: M. Meyerolbersleben

Coffey hat ganz besonderen Spaß an Klettergerüsten jenseits des Weges. Hier hat sie sich einen Hydranten ausgeguckt. Für Anfänger eignen sich rutschfeste Podeste besser. Foto: M. Meyerolbersleben

Podeste und andere Kletterpartien

Bringen Sie Ihren Hund dazu, auf einen Baumstumpf oder auf einen Betonklotz zu steigen, und belohnen Sie ihn dafür. Wenn Sie Lust haben, können Sie auch üben, dass Ihr Vierbeiner auf Ihr Signal hin von selbst zum nächsten Baumstumpf oder Betonklotz flitzt und ihn erklimmt:

- Es ist für Ihren Hund am einfachsten, wenn Sie hierfür zunächst immer am gleichen Podest üben.
- Locken Sie Ihren Hund einige Male hintereinander auf den Stumpf oder Klotz und belohnen Sie ihn dort.
- Überlegen Sie dann, welches Hörzeichen Sie künftig für diese Übung verwenden wollen, zum Beispiel „Klettern". Ihr Hörzeichen sagen Sie künftig unmittelbar, bevor Sie Ihren Hund auf sein Podest locken.
- Während Sie sich zunächst noch dicht neben Ihrem Vierbeiner befinden, bleiben Sie – wörtlich – Schritt für Schritt immer ein Stück weiter zurück und lassen Ihren Hund sein Ziel allein erreichen. Mit ein wenig Training können Sie ihn irgendwann aus ein paar Metern Entfernung zum Podest schicken.

Wenn Baumstümpfe, Felsbrocken oder Betonklötze häufiger in Ihrem Freiluftparcours auftauchen, werden Sie sehen, dass Ihr Hund beginnt, gezielt danach Ausschau zu halten!

Diese Kombination fand sich auf einem Rastplatz am Wegesrand – und wurde zu einem Spielgerät für Sun.

Drunter und drüber!

Nachdem Sie und Ihr Hund vielleicht schon die ersten Sprünge an Selbstbauhürden in Haus oder Garten erprobt haben, schauen Sie doch mal, wie viele Hindernisse dieser Art Sie am Wegesrand finden. Gerade der Wald ist hier eine echte Fundgrube. Probieren Sie zum Beispiel, Ihren Hund dazu zu bewegen, einen liegenden Baumstamm zu überspringen. Aber übertreiben Sie es nicht mit der Sprunghöhe und überprüfen Sie immer, ob Ihr Hund sich nicht beim Abspringen oder Aufkommen wehtun oder gar verletzen kann.

Carlos taucht unter einem Fahrradständer durch.

Koordinationsübungen mit Asta und Ästen

Ihr Hund kann auch ein „Überflieger“ sein, wenn er den bodennahen Weg wählt: Sie können ihn beispielsweise im Wald unter Ästen und knorrigen Wurzelstücken durchrobben lassen oder ihn dazu bringen, eine Sitzbank, eine Schranke oder einen Fahrradständer zu unterqueren.

Bodenarbeit unterwegs

Körperbewusstsein, Konzentration und Geschicklichkeit können Sie auch unterwegs trainieren. Gelegenheiten dazu gibt es in Hülle und Fülle: Führen Sie Ihren Hund langsam über liegende Äste und dünne Baumstämme. Wenn Sie Lust haben, können Sie sich auch Ihr persönliches Mikado (Äste fächerförmig) oder eine Leiter aus ein paar Ästen legen oder Sie lotsen Ihren Hund durch ein kurvenreiches Ästelabyrinth.

Hier geht's rund!

Bäume aller Art, Heuballen, Betonkübel, Begrenzungspfähle oder Straßenlaternen können kurzerhand zu Slalomelementen umfunktioniert werden, die Ihr Hund mit Ihnen oder allein umrunden kann. Selbst wenn es nicht für einen kompletten Slalom reicht (zum Beispiel bei einzeln stehenden Pfählen), können Sie Ihren Hund immer noch in beide Richtungen drum herumlotsen. Wie das geht, wissen Sie aus dem Kapitel „Wohnzimmer-Agility“.

Tipp

Besonderen Spaß macht es, wenn Sie Ihren Hund auf einen kleinen Fingerzeig hin zur Umrundung eines Baumes oder Pfahles schicken können: Lotsen Sie Ihren Hund einige Male ganz aus der Nähe um den Pfahl und vergrößern Sie allmählich die Distanz zwischen Ihrem Startpunkt und dem Pfahl. Mit etwas Übung schaffen Sie es, dass Ihr Hund auf Handzeichen hin jeden beliebigen Baum oder Pfahl in Ihrer Umgebung umrundet.

Slalomelemente gibt es überall.

Missie nimmt gerne ein Wasserbad im flachen Bach. Andere Hunde sind skeptischer und sollten behutsam mit dem kühlen Nass vertraut gemacht werden.

Abenteuer am Wasser

Wasser ist ein Eldorado für Spielefans. Ob Pfütze, Rinnsal, Bach oder gleich das Meer – Sie und Ihr Hund können dort eine Menge Spaß haben.

Mutprobe Wasserbad

Wie kommt der Hund ins feuchte Nass? Was für Wasserratten kein Problem ist, lässt wasserscheue Vierbeiner zunächst die Nase rümpfen. Was Sie natürlich nicht tun: Ihren Hund nehmen und im Nassen absetzen. Dies führt garantiert nicht dazu, dass Ihr Hund künftig freiwillig baden geht. Lassen Sie ihn von selbst auf den Geschmack kommen.

- Üben Sie an einer ruhigen und flachen Pfütze oder einem schmalen Rinnsal. Das Wasser sollte dort nur wenige Zentimeter hoch stehen.
- Nehmen Sie ein Leckerchen und platzieren Sie es zum Beispiel so auf einem Stein oder direkt im Wasser, dass Ihr Hund nur eine Pfote ins Wasser setzen muss, um daranzukommen.
- Hat er diesen Schritt ein paar Mal erfolgreich bewältigt, werden die Anforderungen etwas erhöht: Um ans Leckerchen zu kommen, muss er dann mit zwei Pfoten ins Wasser, später mit allen vieren. Und dann irgendwann liegt das Leckerchen so, dass er sogar ein paar Schritte laufen muss, zunächst im flachen Wasser, dann im etwas tieferen.

Leckerchenverfolgung

Wenn Ihr Hund sich traut, ins flache Wasser zu gehen, können Sie ihn auf Leckerchenverfolgung schicken. Am besten funktioniert das in einem fla-

Asta ist eigentlich wasserscheu. Wenn jedoch ein kleines Rinnsal zur Leckerchenrutsche wird, kann auch sie nicht widerstehen und geht gerne auf Verfolgungsjagd.
Fotos: Chr. Henke

chen Bach oder Rinnsal mit wenig Strömung. Lassen Sie einfach vor den Augen Ihres Hundes ein paar schwimmende Leckerchen (zum Beispiel Trockenfutter oder dünne Hundekekse) zu Wasser, die dann von der schwachen Strömung davongetragen werden. Mit Sicherheit wird Ihr Hund loslaufen, um die Leckerchen zu fangen und zu verspeisen. Als nette Variante für spielzeugverrückte Hunde können Sie statt der Leckerchen auch ein Quietscheentchen einsetzen.

Brücken und Stege

Wo Bäche und Flüsse sind, gibt es meistens auch Brücken und Stege. Deren Überquerung kann für Ihren Hund zu einem Abenteuer werden, vor allem wenn das Ganze ein wenig wackelig ist oder Ihr Hund durch die Ritzen ins Wasser spähen kann. Wie immer zwingen Sie Ihren Hund zu nichts. Begleiten Sie ihn auf seinem Weg über den Steg, sorgen Sie für seine Sicherheit und belohnen Sie ihn üppig für jede bestandene Mutprobe.

Coda ist ein erfahrener Balancekünstler und würde im Zweifelsfall auch den Sprung ins flache Wasser nicht scheuen. Stimmen Sie Ihre Aktivitäten immer auf die Fähigkeiten Ihres Hundes ab!

Kleine Pause mit beruhigender Wirkung: Spencer erschnüffelt während eines aufregenden Stadtspazierganges ein paar Leckerchen im Laubhaufen.

Stöber- und Suchspiele

Überraschen Sie Ihren Vierbeiner auf dem Spaziergang regelmäßig mit Stöber- und Suchspielen! Das Zusammensein mit Ihnen wird für Ihren Hund dadurch gleich noch viel interessanter – und die Chancen, dass Ihr Hund das gemeinsame Erlebnis einem eigenständigen Schnüffel- und Jagdausflug vorzieht, steigen!

Leckerchenstöbern

Viele Leckerchensuchspiele kennen Sie schon aus dem Kapitel „Schnüffelspaß für Supernasen“. Bauen Sie sie unbedingt in Ihre täglichen Spaziergänge ein: als nettes Spiel für zwischendurch, als attraktive Belohnung für das Herbeikommen oder zur Beruhigung in aufregenden Situationen. Überlegen Sie sich noch mehr Variationen. Versenken Sie die Leckerchen zum Beispiel in großen Laubhaufen, vergraben Sie sie im Schnee oder buddeln Sie sie am Strand ein.

Versteckspiele

Was Sie vielleicht schon als Variante im Haus gespielt haben, funktioniert draußen natürlich erst recht: Sie verstecken sich hinter einem Baum oder einem Strauch, Ihr Hund sucht Sie – und wird fürstlich mit Leckerchen oder Spiel belohnt, wenn er erfolgreich ist.

Und so funktioniert's:

- Wenn Ihr Hund schon gelernt hat, auf Ihr Signal hin an einer Stelle zu bleiben, können Sie das Spiel prima allein spielen. Falls nicht, bitten Sie einen menschlichen Assistenten um Hilfe, der Ihren Hund bei sich behält, während Sie sich verstecken.
- Zunächst noch sichtbar für Ihren Hund suchen Sie Ihr Versteck auf – bewaffnet mit Leckerchen oder Lieblingsspielzeug.
- Ihr Hund wird natürlich bestrebt sein, auf schnellstem Wege zu Ihnen zu kommen, wenn Sie ihn rufen. Dafür gibt es sofort eine Belohnung!
- Später arrangieren Sie das Spiel so, dass Ihr Hund nicht mehr sieht, wo genau Ihr Versteck ist. Mit etwas Übung wird Ihr Hund mit Vergnügen größere Flächen nach Ihnen absuchen. Übrigens: Nach ähnlichem Prinzip funktioniert die Ausbildung von Flächensuchhunden. Für Rettungshund Missie zum Beispiel ist das Finden vermisster Personen nichts anderes als ein Versteckspiel. Sie hat gelernt, dass es sich lohnt, nach Personen Ausschau zu halten, und sie weiß, dass sie ihre Belohnung (in diesem Falle ein Spielzeug) erst dann erhält, wenn sie ausdauernd vor ihrem „Opfer" bellt.

Missie ist als ausgebildeter Rettungshund Expertin für Suchspiele. Was sie hier zeigt, kann jeder Familienhund nachmachen.

Schnüffelspaziergänge

Spaß auf dem Spaziergang muss nicht automatisch auch Action heißen. Das Erschnüffeln spannender, neuer Gerüche ist für viele Hunde erheblich gewinnbringender als beispielsweise endlose Bällchenwurfspiele oder ausgedehnte Joggingtouren. Schenken Sie Ihrem Hund doch mal einen Schnüffelspaziergang – allein oder mit seinen Hundefreunden!

Umwelterkundung für Schnüffelnasen

Bestimmt kennen Sie das: Sie gehen morgens vor der Arbeit mit Ihrem Hund spazieren. Natürlich wollen Sie ihm genügend Auslauf gönnen, aber damit alles noch klappt, muss es schnell gehen. Sie marschieren flotten Schrittes voran. Ihrem Hund bleibt oft nicht die Zeit, die er sich für die interessanten Gerüche am Wegesrand gerne nehmen würde. Vermutlich benutzen Sie im Alltag außerdem häufig dieselben Wege, die Sie und Ihr Hund schon in- und auswendig kennen. Dann ist es Zeit für ein wenig Schnüffelspaß!

Entdecken Sie die Langsamkeit und lassen Sie Ihren Hund auf dem Spaziergang seine Umgebung nach Herzenslust erschnüffeln. Erkunden Sie regelmäßig neue Orte mit ihm. Für unsere Hunde ist das eine tolle Abwechslung. Sie sammeln dabei vielfältige Eindrücke, die sie verarbeiten müssen und die ihrem Kopf richtig was zu tun geben.

Übrigens wird die Umwelterkundung in der zeitgemäßen Hundeverhaltenstherapie zur Stärkung des Selbstbewusstseins und als Vorbeugung gegen Angst- und Aggressionsprobleme eingesetzt.

Tipps für Schnüffelspaziergänge

- Weichen Sie häufiger von Ihren gewohnten Wegen ab: Erwandern Sie neue Wege in der freien Natur oder erkunden Sie ausgiebig die Wohnsiedlung. Auch ein Restaurantbesuch, ein Abstecher in die Fußgängerzone, die Fahrt in einem (Auf-)Zug oder der Gang durch eine Unterführung können für Ihren Hund ein Abenteuer sein.
- Übertreiben Sie es aber nicht: Ein Hund, der auf dem Land zu Hause ist, wird vermutlich in der Einkaufsstraße der Großstadt völlig überfordert sein, und selbst für den Stadthund kann das Gedränge eines Jahrmarktes zum Horrortrip werden.
- In ungewohnten Umgebungen gibt die Leine Sicherheit. Sie sollte ausreichend lang sein (ideale Länge etwa 3 Meter) und möglichst immer locker durchhängen. Am besten trägt Ihr Hund ein Brustgeschirr statt eines Halsbandes, denn Zug am Hals mindert das Vergnügen erheblich und sorgt für Verspannungen und Kopfschmerzen bei Ihrem Vierbeiner.
- Widmen Sie sich in neuen Situationen ganz Ihrem Hund. Vermeiden Sie Unruhe und Hektik. Nehmen Sie sich die Zeit dafür, zwischendurch auf einer Bank zu pausieren und das Geschehen rundum zu beobachten. Ab und an ein attraktives Leckerchen trägt zur guten Stimmung bei.
- Wie bei allen Spielen gilt auch beim Schnüffelspaziergang: Weniger ist mehr. Je aufregender die neue Umgebung, desto kürzer der Aufenthalt. Kalkulieren Sie bei

Schnüffelspaziergängen auch ein, dass Sie mehr Zeit für neue Wege benötigen als bei Normalspaziergängen.

- Auch auf Ihrem ganz alltäglichen Spazierweg können Sie den Schnüffelspaßfaktor erhöhen: Lassen Sie Ihrem Hund mehr Zeit, Gerüche aufzunehmen. So manch ein Vierbeiner freut sich schon über etwas mehr Spielraum an der Leine und einen geduldigen Besitzer, der ihm Schnüffelpausen an gut duftenden Grashalmen gönnt.
- Sorgen Sie dafür, dass Ihr Hund nach und zwischen Ihren Ortserkundungen genügend Pausen hat. So kann er seine neuen Eindrücke in aller Ruhe verarbeiten und wird nicht überfordert.
- Übrigens: In der Grundausstattung für das Umweltabenteuer sollte auch das Tütchen für die Hinterlassenschaften Ihres Vierbeiners nicht fehlen!

„Zeitunglesen" ist ganz wichtig! Carlos schaut nach, wer vor ihm schon dort war.

„Was ist denn das?" Fasziniert, aber noch etwas skeptisch geht Spencer am Brunnen auf Erkundungstour.

Ein Brustgeschirr und eine lange durchhängende Leine sind die ideale Grundausstattung für entspannende Schnüffelspaziergänge.

Nehmen Sie sich Zeit: Bestandteil Ihres Umweltabenteuers ist es auch, ab und an die Dinge einfach an sich vorbeiziehen zu lassen.

Schnüffeln – gemeinsam noch viel schöner

Bestimmt ist es Ihnen ein Anliegen, dass Ihr Hund gute Kontakte zu seinen Artgenossen pflegt. Auch für ein glückliches Hundeleben sind nette Hundebegegnungen wichtig. Ideal dafür und gleichzeitig ein Highlight im Hundealltag sind ruhige gemeinsame Schnüffelspaziergänge in einer kleinen Gruppe von Menschen und Hunden. Damit kommen häufig auch Hunde gut klar, die beim Spielen in der wilden Hundegruppe Probleme haben. Es ist faszinierend zu beobachten, wie die Hunde dabei kommunizieren, ohne sich direkt, beispielsweise im Spiel, miteinander zu beschäftigen. Da wird gemeinsam geschnüffelt, gemeinsam gepinkelt, manchmal auch gemeinsam ein Stück miteinander gelaufen. Selbst angeleint und mit etwas Abstand zueinander sind solche gemeinsamen Erlebnisse möglich.

Tipps für einen harmonischen Spaziergang mit Hundefreunden

- Wenn Sie sich mit Hundefreunden zum Spazierengehen treffen und die Hunde kennen sich noch nicht so gut, dann halten Sie zunächst ein wenig Abstand zueinander. So vermeiden Sie es am besten, dass die aufgeregte Stimmung unter den Hunden plötzlich zum Tumult wird. Wenn die Hunde frei laufen sollen, machen Sie sie erst von der Leine los, wenn Hund und Mensch schon in Bewegung sind und sich die erste Aufregung ein wenig gelegt hat.
- Verzichten Sie beim Spaziergang mit Hundefreunden auf das Werfen von Bällen, Stöckchen oder anderen Spielzeugen. Das bringt oftmals Ärger und Unruhe in die Gruppe. Sind futterneidische Hunde dabei, müssen Sie auch bei der Gabe von Leckerchen Vorsicht walten lassen.
- Es muss nicht immer die große Gruppe sein. Viele Hunde sind mit Massenveranstaltungen überfordert. Sie freuen sich dafür umso mehr über einen Spaziergang mit dem besten Hundefreund.
- Wenn Ihnen auf dem Spaziergang ein unbekannter Hund entgegenkommt, reagieren Sie umsichtig: Rufen Sie Ihre Hunde zunächst zu sich heran und klären Sie mit dem anderen Hundebesitzer, ob und wie sich die Hunde begrüßen dürfen. Wenn das nicht möglich ist, schlagen Sie gemeinsam mit Ihren Vierbeinern einen kleinen (in Hundesprache höflichen) Bogen, anstatt frontal auf den anderen Hund zu und in nächster Nähe daran vorbeizugehen.

Übrigens sollte das auch zum guten Ton gehören, wenn Sie alleine mit Ihrem Hund unterwegs sind!

Hundefreunde unter sich: Gemeinsame Schnüffelerlebnisse beim ruhigen Spaziergang stehen höher im Kurs als wilde Rennspiele.

Foto: B. Laser

Und was kommt jetzt?

Nun sind Sie auf den letzten Seiten angekommen. Vielleicht sitzen Sie gerade gemütlich auf dem Sofa, Ihren Vierbeiner neben sich oder zu Ihren Füßen. Vielleicht haben Sie zwischenzeitlich schon die eine oder andere Spielidee ausprobiert und dabei zusammen Spaß gehabt.

Es wäre schön, wenn Sie und Ihr Hund beim Lesen und Ausprobieren mit dem Spielevirus infiziert worden sind. Dass es Sie gepackt hat, werden Sie spätestens dann merken, wenn in Ihrem Alltag plötzlich Spielideen vor Ihrem geistigen Auge auftauchen: auf dem Spaziergang am Wegesrand, beim Entrümpeln des Dachbodens oder beim Sortieren leerer Verpackungen nach dem Supermarkteinkauf. Ihr Hund wird begeistert sein!

Wenn Sie und Ihr Vierbeiner gerade erst den Spaß an den gemeinsamen Unternehmungen entdeckt haben, dann weckt das gemeinsame Spiel vielleicht auch die Lust auf mehr. Gut möglich, dass es Sie

Vielleicht erfinden Sie noch einen Spielautomaten?
Foto: S. Putz

reizt, Ihrem Hund den einen oder anderen Trick beizubringen, mit noch mehr Spaß an „wichtigen" Übungen weiter zu trainieren oder in die eine oder andere Hundesportart hineinzuschnuppern.

Es gibt mittlerweile eine Menge Lesestoff rund um Trainings- und Beschäftigungsmöglichkeiten mit dem Hund. Vieles davon können Sie dank guter Anleitungen ganz bequem bei sich zu Hause umsetzen. Eine kleine Auswahl empfehlenswerter Hundeliteratur finden Sie am Ende dieses Buches.

Vielleicht suchen Sie auch Anregungen bei einem Trainer in Ihrer Nähe oder möchten mit Ihrem Hund einen Hundeplatz besuchen? Dann achten Sie ganz besonders darauf, eine gute Adresse auszuwählen, in der das hunde- und menschenfreundliche Training groß geschrieben wird. Wo respektvoll mit Hund und Mensch umgegangen wird und wo man ohne laute Töne und Gewalt auskommt, werden Sie und Ihr Hund sich am wohlsten fühlen und auch das meiste lernen.

Vergessen Sie aber nicht: Manchmal ist weniger mehr! Das gemeinsame Training soll nicht zum Freizeitstress ausarten. Nehmen Sie sich genügend Zeit für gemütliche Stunden mit Ihrem Hund und lassen Sie es langsam angehen.

Vielleicht haben Sie Lust darauf, Ihrem Hund den einen oder anderen Trick beizubringen?

Was auch immer Sie tun: Lassen Sie es ruhig angehen! Foto: J. Hannemann

Ach, übrigens: Während Ihr Hund zufrieden und ausgelastet bei Ihnen liegt, langweilt sich jemand in Ihrem Haushalt vielleicht immer noch: Ihre Katze?! Auch die Samtpfoten lieben kleine Herausforderungen in ihrem Alltag und haben viel Freude am gemeinsamen Spiel. Viele der im Buch beschriebenen Übungen können Sie auch – gegebenenfalls in leicht abgewandelter Form – mit Ihrer Katze spielen. Viel Spaß!

Ihr Hund ist zufrieden und Ihre Katze langweilt sich immer noch? Foto: B. Laser

Auch Samtpfoten haben viel Freude am gemeinsamen Spiel. Vergessen Sie sie nicht! Foto: B. Laser

Foto: J. Hannemann

Zum Weiterlesen

Hunde verstehen

Jean Donaldson
Hunde sind anders
Kosmos Verlag, 2000

Turid Rugaas
Calming Signals
Die Beschwichtigungssignale der Hunde
animal learn Verlag, 2001

Hunde trainieren

Christiane Blenski
Hunde erziehen, ganz entspannt
Kosmos Verlag, 2005

Birgit Laser
Clickertraining
Cadmos Verlag, 2000

Birgit Laser
Clickertraining für den Familienhund
Cadmos Verlag, 2001

Sarah Whitehead
Das Hundebuch für Kids
Kosmos Verlag, 2002

Hunde beschäftigen

Werner Biereth
Fährtenarbeit – Spurensuche mit dem Hund
Cadmos Verlag, 2003

Inka Burow/Denise Nardelli
Dogdance
Cadmos Verlag, 2002

Anders Hallgren
Mentales Training für Hunde
Cadmos Verlag, 2003

Ursula Jud
Flyball
Cadmos Verlag, 2004

Birgit Laser
Obedience für Einsteiger
Cadmos Verlag, 2002

Viviane Theby / Michaela Hares
Agility
Kosmos Verlag, 2003

Viviane Theby
Schnüffelstunde
Kynos Verlag, 2003

Viviane Theby / Michaela Hares
Wir schnüffeln weiter
Kynos Verlag, 2004

Im Internet

www.spass-mit-hund.de